AF313294

A LA JEUNESSE CHRÉTIENNE

LE

PLAIN-CHANT RENDU FACILE

LECTURE A PREMIÈRE VUE, SUR TOUTES LES CLEFS

PETIT SOLFÉGE DES ÉCOLES

POUR FORMER LA VOIX DES ENFANTS

PAR

Fre ACHILLE, DE LA MISÉRICORDE

DEUXIÈME ÉDITION

Revue et augmentée de plusieurs exercices nouveaux

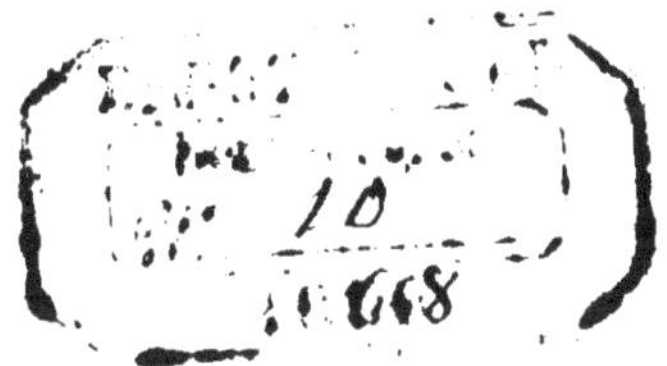

PARIS

F. BOUQUEREL, LIBRAIRE-ÉDITEUR

31, rue Cassette, 31

ET CHEZ LES PRINCIPAUX LIBRAIRES DE PARIS ET DES DÉPARTEMENTS.

AVIS.

Nous avons intercalé dans cette nouvelle édition quelques exercices de notation noire ordinaire, afin que les élèves qui apprendront le plain-chant avec cette méthode facile, puissent être employés comme chantres au lutrin.

Saint-Maixent, Typ. Ch. Reversé.

PETIT
SOLFÉGE DES ÉCOLES

INTRODUCTION

UN MOT SUR LE CHANT RELIGIEUX.

COMBIEN IL EST UTILE DE L'APPRENDRE ET DE L'ENSEIGNER.

PRINCIPES GÉNÉRAUX DU PLAINT-CHANT.

On appelle *Chant religieux*, ce chant grave, simple, mélodieux que la sainte Église emploie dans la célébration des divins offices.

Il serait à désirer que ce chant si beau, si solennel, si sublime, si touchant, lorsqu'il est exécuté avec ensemble et piété, fût connu de tous les fidèles et qu'on l'enseignât même dans les plus modestes écoles primaires, afin que, dans un avenir prochain, tous les chrétiens puissent former dans le temple saint un harmonieux concert à la louange du Très-Haut.

Voici ce que dit, à ce sujet, Monseigneur Parisis, évêque d'Arras, dans une lettre pastorale sur le chant religieux.

« Il n'est point de paroisse, si petite qu'elle soit, où l'on ne
« puisse trouver des enfants, des adolescents et des hommes en

« assez grand nombre pour former, par la combinaison intelli-
« gente des diverses natures de voix, des psalmodies très-mélo-
« dieuses et de véritables concerts parfaitement religieux. »

Nous sommes persuadé que notre système de notation, qui simplifie considérablement l'étude du chant, aidera puissamment à atteindre ce but. Cependant, comme le dit fort bien Monseigneur Parisis :

« Les moyens pour obtenir ce résultat si désirable se trouvent
« placés (surtout) dans les mains des instituteurs de la jeunesse,
« puisque ce sont eux qui sont chargés de former le premier
« âge de la vie, cet âge où l'on dépose le germe des goûts, des
« dispositions, des talents, et des vertus qui doivent diriger et
« déterminer le reste de l'existence. »

Nous avons pensé qu'il fallait une méthode simple, facile et prompte en heureux résultats pour donner l'essor : c'est pourquoi nous nous sommes mis à l'œuvre. Nous espérons compléter notre travail par la publication d'un PAROISSIEN DES ÉCOLES et d'un PAROISSIEN ROMAIN COMPLET, à l'usage des fidèles et des chantres des petites paroisses.

« Que des leçons de Plain-Chant soient donc régulièrement
« données par tous les instituteurs aux enfants qui leur sont
« confiés ; que dans le cours de chaque semaine le chant du
« dimanche suivant soit étudié, préparé, concerté par quelques
« exercices pris en commun avec une application sérieuse. . . »

« Ainsi les enfants contracteront l'amour des divins offices,
« en acquérant le goût, la science et l'habitude des saintes mé-
« lodies de l'Église. Il y a longtemps qu'on l'a dit : — on ne
« peut aimer ce qu'on ne connaît pas ; aussi une des raisons du
« dégoût d'un grand nombre d'hommes pour nos solennités,
« c'est leur ignorance complète de ce qui s'y dit et s'y pratique.
« Au contraire, on fait presque toujours volontiers ce que l'on

« sait bien faire. . .— Lorsque plusieurs générations auront été
« ainsi formées, lorsque la partie la plus vivante d'une popula-
« tion aura contracté l'heureux usage de prendre une part active,
« par le concours intelligent de la voix, au culte public, alors
« un attrait naturel s'associera aux motifs de foi pour convoquer
« à la maison de Dieu, et il sera impossible que les offices d'une
« telle paroisse soient, ainsi qu'ils le sont trop souvent, désertés
« par les hommes. »

Puisse donc le zèle des prêtres, des membres des congré-
gations religieuses et des instituteurs s'unir à nos efforts pour
obtenir cet heureux résultat.

— A. M. D. G. —

PRINCIPES GÉNÉRAUX DU PLAINT-CHANT

Nous sommes persuadé que la seule pratique bien dirigée,
aidée seulement des plus simples notions théoriques exposées
verbalement et à propos, pendant la leçon de chant, suffirait
pour former les jeunes gens à la bonne exécution du Plain-Chant,
c'est pourquoi nous nous étendrons très-peu sur la théorie.

CARACTÈRES EMPLOYÉS DANS LA NOTATION

1° Les signes employés pour écrire le Plain-Chant sont les
lignes, les *notes*, les *clefs*, les *barres*, le *guidon*, le *bémol*, le
bécarre et le *dièse*.

2° Les lignes sont au nombre de quatre; on les compte de
bas en haut, et leur réunion forme ce qu'on appelle la portée.

Cependant on peut les augmenter de lignes supplémentaires, soit au-dessus ou au-dessous de la portée.

EXEMPLE :

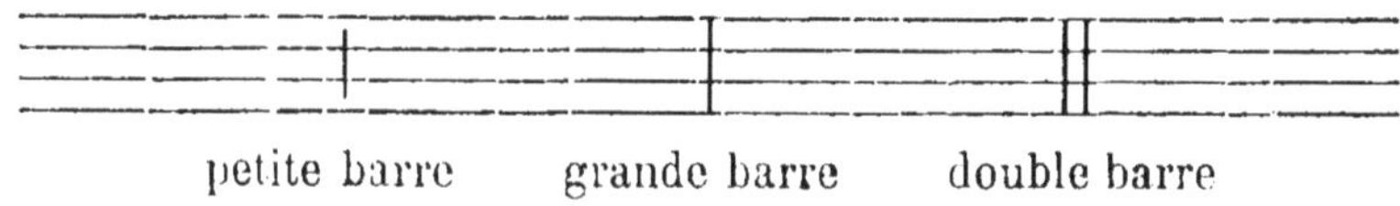

3° Il y a sept notes que l'on désigne par les syllabes :

DO, RÉ, MI, FA, SOL, LA, SI,

On les représente sous trois formes différentes :

La carrée,   *la carrée à queue*   *et la losange.*

4° Les clefs sont à peu près inutiles avec notre système de notation ; cependant nous les conserverons afin de ne rien changer à la notation ordinaire du chant romain.

5° On appelle barre des lignes verticales qui se placent sur la portée ; il y en a de trois sortes : les petites barres, les **grandes** barres et les doubles barres.

EXEMPLE :

petite barre   grande barre   double barre

6° Les *petites barres* servent à marquer les endroits où l'on doit respirer ; la *grande barre* ou *barre de repos*, à distinguer les différents membres d'une période de chant ; et les *doubles barres*, à marquer l'intonation ou la fin des pièces de chant.

7° Le *guidon* est une demi-note qui se place à la fin de chaque portée pour indiquer la note qui commence la portée

suivante. Comme ce signe est peu utile avec notre système,
nous ne l'emploierons pas.

SIGNES ACCIDENTELS

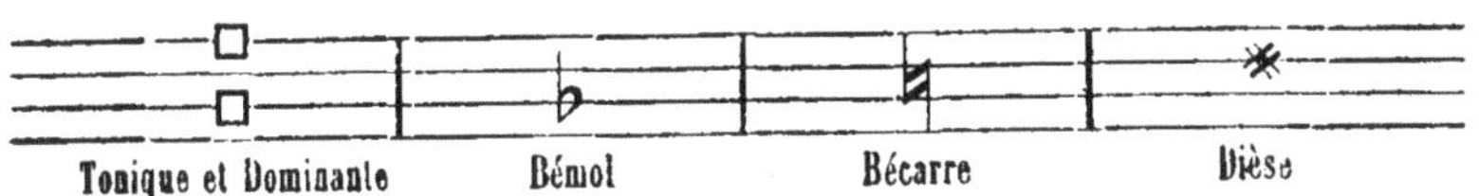

8° Le *bémol* est un signe qui baisse d'un demi-ton la note
qu'il affecte. Le *bémol* placé à la clef est continu ; il affecte
toutes les notes de la ligne ou de l'interligne où il se trouve :
lorsqu'il est accidentel, il n'affecte que la note devant laquelle il
est placé.

9° Le *bécarre* détruit l'effet du *bémol* et remet la note dans
son ton naturel.

10° Le *diése* hausse d'un demi-ton la note qu'il affecte ; son
effet est également détruit par le *bécarre :* il est aussi continu
ou accidentel, selon qu'il est placé soit à la clef ou devant une
note isolée.

11° La *gamme* est la succession de huit sons s'élevant par
degrés consécutifs, depuis un son donné, de manière que le
huitième, à part l'acuité, soit la reproduction du premier.

On représente les sons au moyen des notes.

GAMME NATURELLE

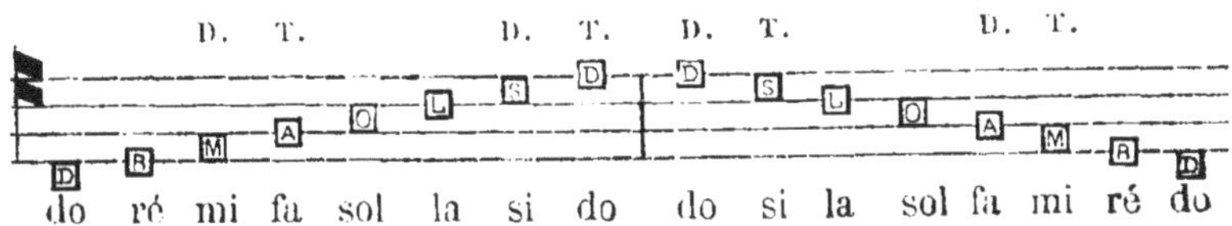

12° La différence de sons entre deux notes établit entre elles
une relation que l'on nomme *intervalle* ; or une gamme com-
prenant huit sons renferme naturellement sept *intervalles*, dont
cinq d'un *ton* et deux d'un *demi-ton*.

TABLEAU DES INTERVALLES

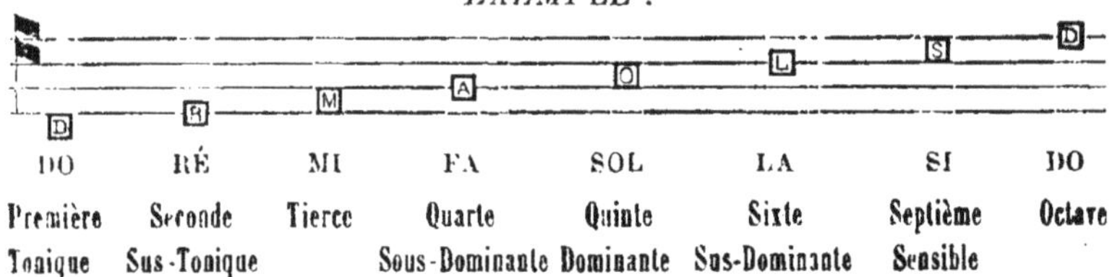

13º Chacune des notes peut recevoir trois dénominations différentes : 1º son nom propre, 2º le nom de son ordre, 3º le nom que lui donne sa fonction dans la gamme.

EXEMPLE :

14º Chaque note de la gamme pouvant être prise pour tonique, on admet en *Plain-Chant* autant de gammes que de notes, et par suite, *huit tons*, la note de l'octave comprise.

15º VALEUR DES NOTES

La note brève ou carrée est la note normale du plain-chant.

La semi-brève ou losange se coule plus légèrement que la brève.

La note à queue, ainsi nommée parce qu'elle est affectée d'un trait vertical, se fait entendre plus fortement que la brève; la voix s'appuie dessus en chantant.

La double note demande à être tenue plus longtemps que les autres notes; mais ni les unes ni les autres n'ont de **mesure** de précision comme dans la musique.

La maxime n'est plus en usage que dans l'harmonie.

DES NEUMES OU GROUPES DE NOTES.

16° *Règle générale*. Pour bien exécuter les *neumes* il faut lier les notes avec douceur, et éviter, avec le plus grand soin, les coups de voix martelés et saccadés.

Les principaux neumes sont :

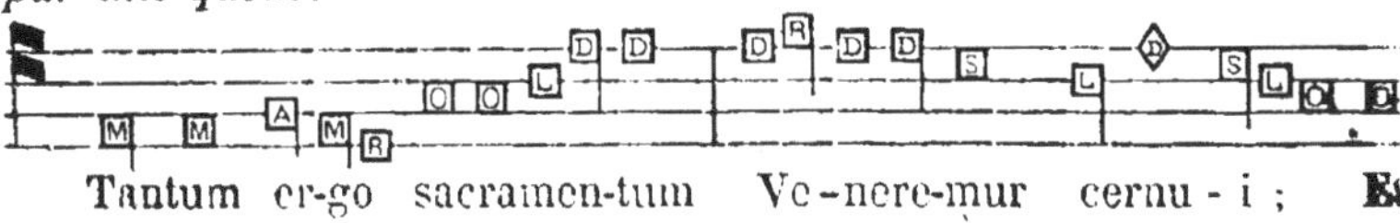

le Podatus,   le Clivus,   le Torculus,   et le Quilisma

1° On accentue la note la plus élevée du *Clivus*.

2° Les trois notes du *Torculus* se font égales ; mais dans une succession de *Torculus*, on coule les notes doucement et l'on accentue la dernière.

3° On coule avec douceur les notes du *Quilisma*, et l'on accentue la plus élevée.

DES MORCEAUX SYLLABIQUES.

17° Pour bien exécuter les morceaux de chant syllabiques, c'est-à-dire ceux qui n'ont le plus souvent qu'une note sur chaque syllabe, on accentue : 1° tous les monosyllabes ; 2° la première syllabe des mots de deux syllabes ; 3° l'avant-dernière des mots qui en ont trois et plus. Si cette syllabe est brève prosodiquement, on accentue celle qui la précède.

Ces règles souffrent quelques exceptions, mais ces exceptions ne sont pas à la portée des enfants. Il suffira de leur faire appliquer l'accentuation régulièrement marquée dans l'*Office parois-sial*, complément indispensable de ce *Solfége*.

EXEMPLE :

Les notes sur lesquelles la voix doit s'appuyer sont marquées par une queue.

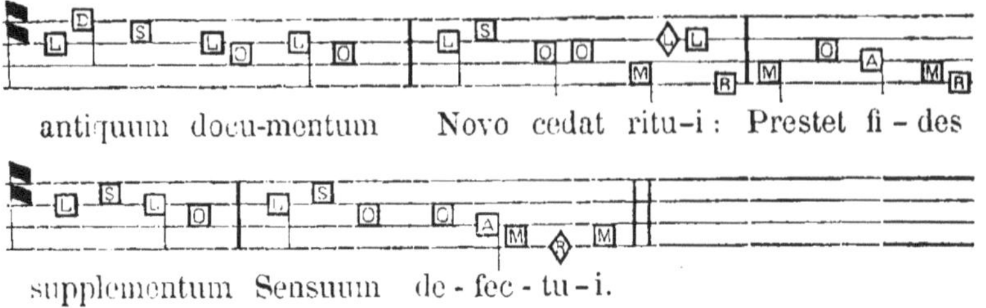

Nous croyons ces simples notions bien suffisantes pour les enfants des écoles primaires ; cependant MM. les professeurs pourront les compléter par quelques explications appropriées à l'intelligence de leurs élèves.

NOTATION ANCIENNE

GAMME SUR LES TROIS CLEFS

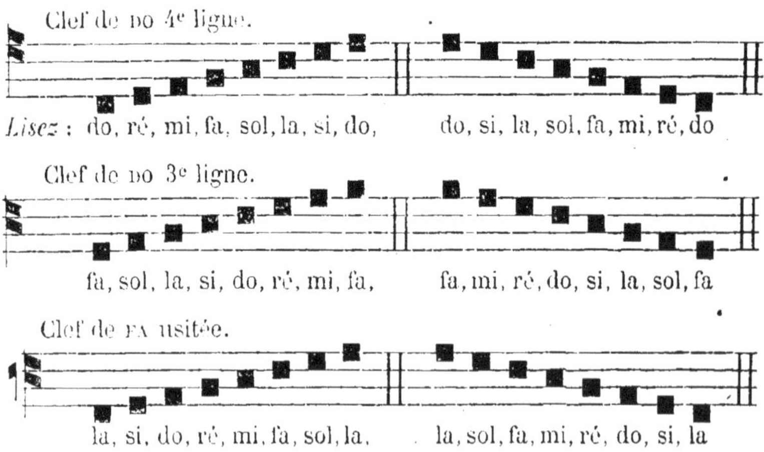

Nous considérons l'étude des gammes comme essentielle aux élèves. Ils devront s'accoutumer à bien sentir, à bien exprimer la différence des tons et demi-tons, différence sans laquelle il n'y a dans le chant ni caractère, ni mélodie.

TABLEAU DES GAMMES

La lettre initiale intercalée indique le nom de chaque note.
Les lettres D. T. marquent la position des DEMI-TONS.

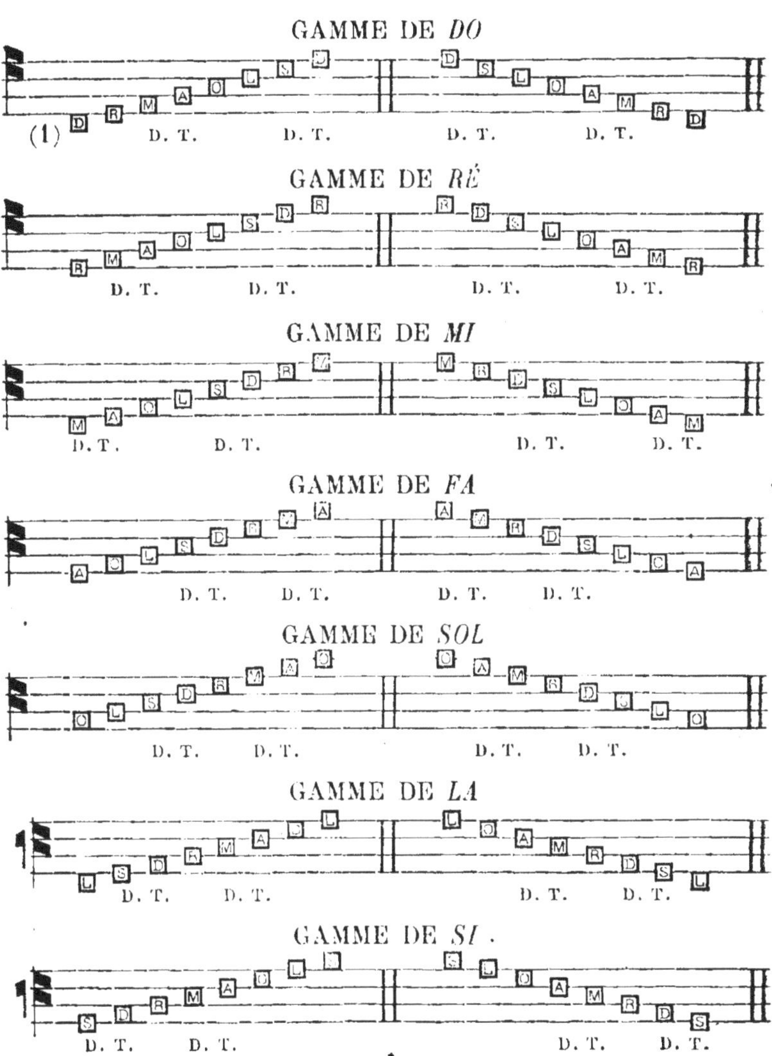

(1) Solfiez en prenant sur le même ton la 1re note de toutes les gammes.

LEÇON PRÉPARATOIRE

EXERCICES DE LECTURE

COMPARAISON DE CETTE NOTATION ÉCRITE, SI FACILE A APPRENDRE,
AVEC LA NOTATION MUETTE, SI DIFFICILE A LIRE SUR TOUTES LES CLEFS.

PREMIÈRE LEÇON.

INTONATION.

Répétez chaque exercice plusieurs fois avant de passer au suivant.

DEUXIÈME LEÇON.

ÉTUDE DES INTERVALLES DE SECONDE ET TIERCE.

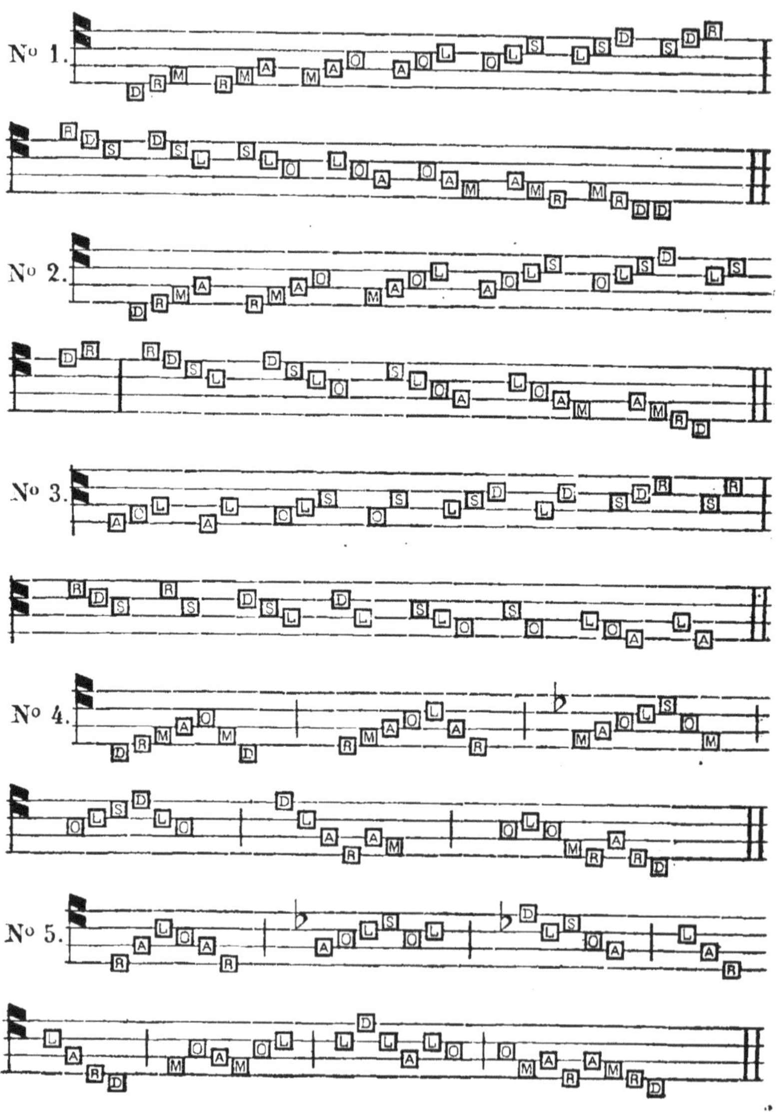

TROISIÈME LEÇON.

ÉTUDE DES INTERVALLES DE QUARTE.

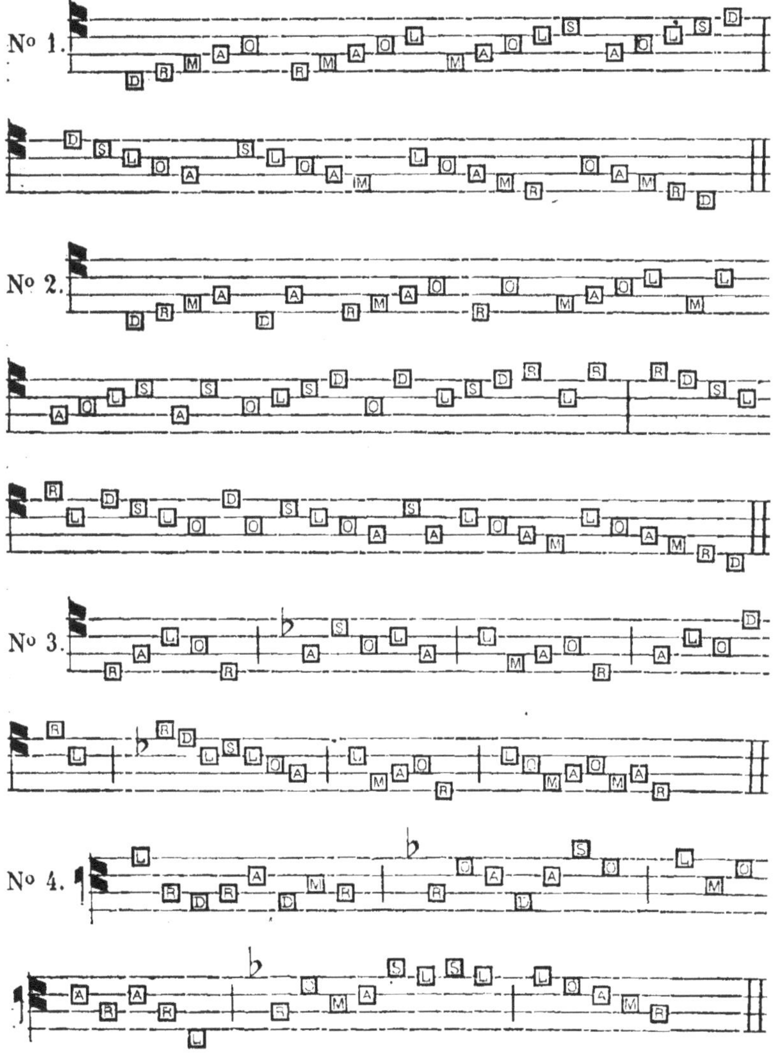

QUATRIÈME LEÇON.

ÉTUDE DES INTERVALLES DE QUINTE.

Nous ne donnons point de leçons spéciales sur les intervalles de
sixte, septième et octaves. En étudiant les formules des tons les élèves
feront l'application des intervalles usités.

CINQUIÈME LEÇON

CHANT MESURÉ (1)

1er COUPLET

Un peu lent

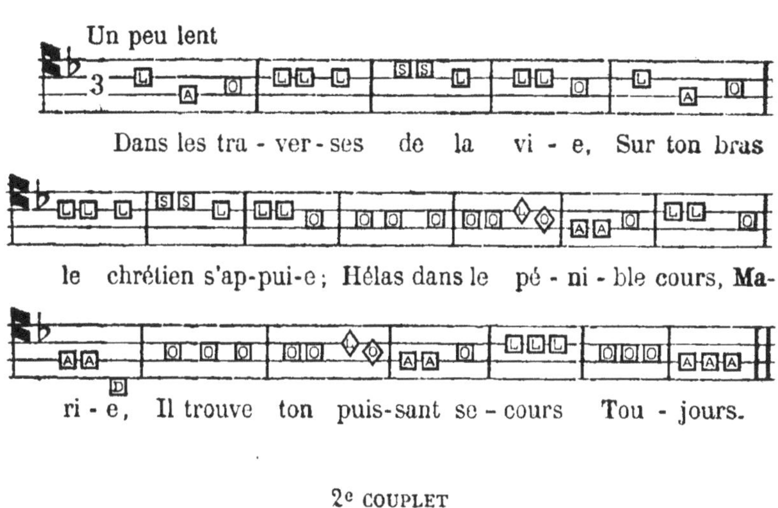

2e COUPLET

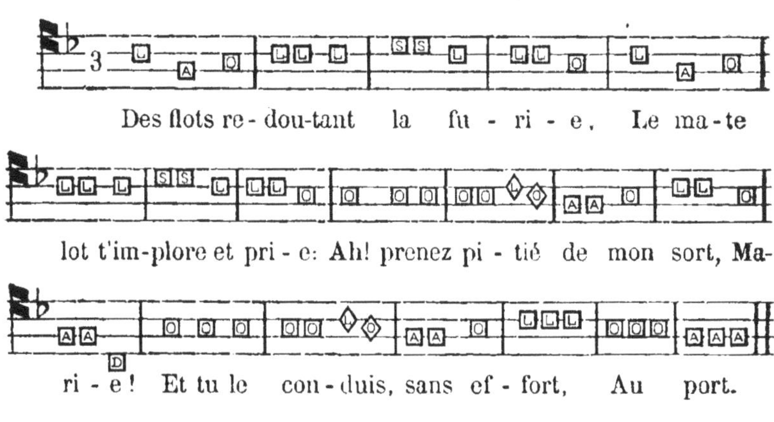

(1) Nota. — Les élèves qui ne désirent pas apprendre le chant
mesuré passeront cette leçon et la suivante.

SIXIÈME LEÇON

CHANT MESURÉ

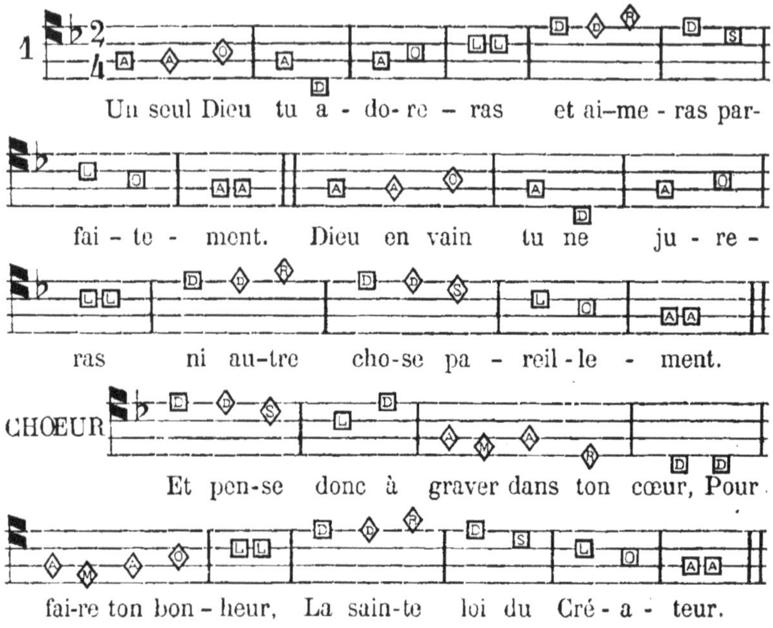

Un seul Dieu tu a - do- re — ras et ai—me - ras par-fai - te - ment. Dieu en vain tu ne ju - re - ras ni au-tre cho-se pa - reil - le - ment.

CHOEUR

Et pen-se donc à graver dans ton cœur, Pour fai-re ton bon - heur, La sain-te loi du Cré - a - teur.

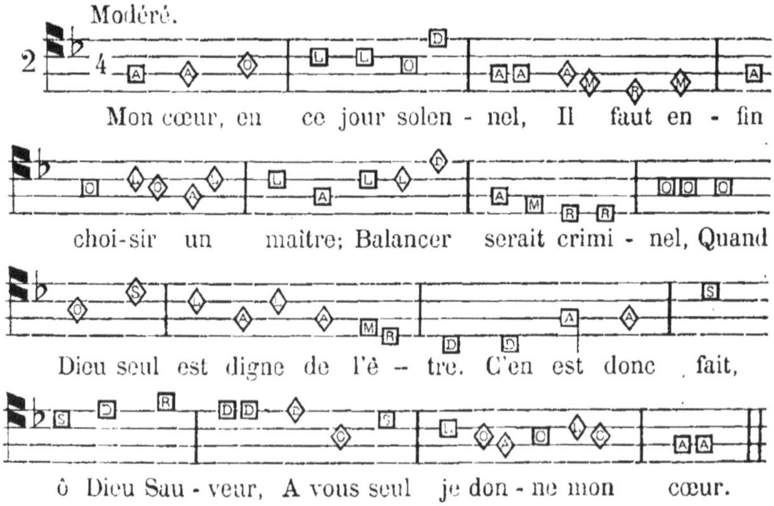

Modéré.

Mon cœur, en ce jour solen - nel, Il faut en - fin choi-sir un maître; Balancer serait crimi - nel, Quand Dieu seul est digne de l'è -- tre. C'en est donc fait, ô Dieu Sau - veur, A vous seul je don - ne mon cœur.

SEPTIÈME LEÇON

PRINCIPALES FORMULES DU 1er TON.

BÉMOL ACCIDENTEL.

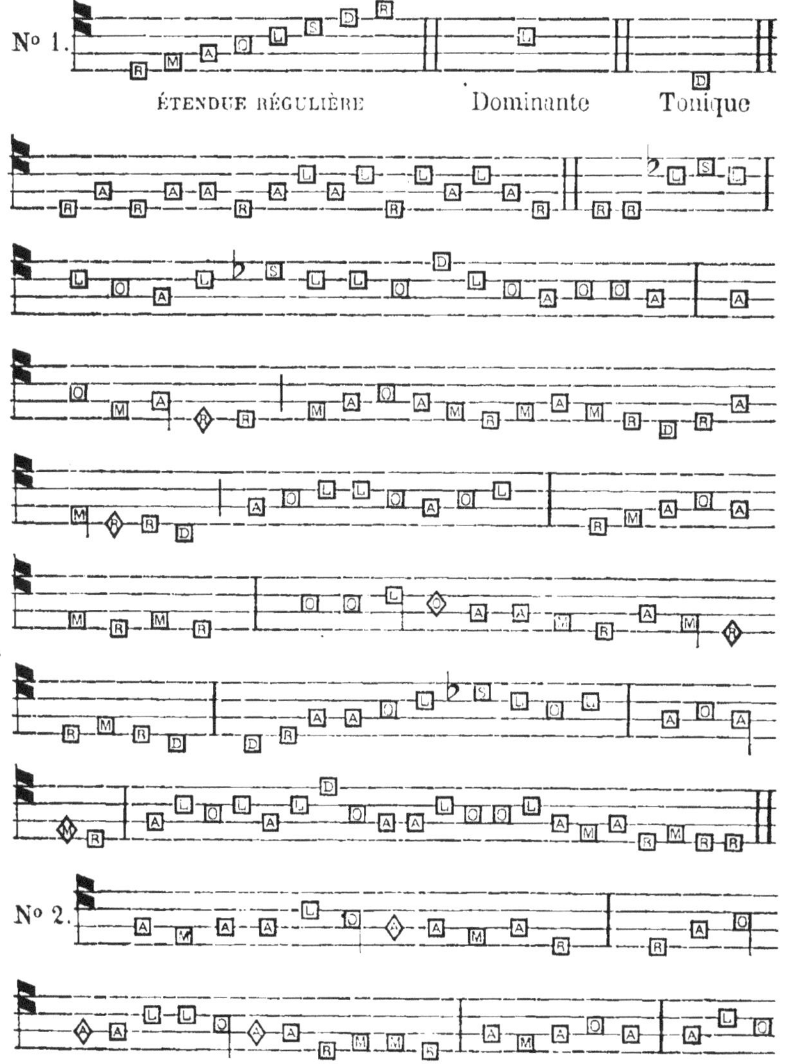

FORMULES DU 1er TON

BÉMOL ACCIDENTEL

APPLICATION DES NOTES AUX PAROLES

INTROÏT DE LA FÊTE DE TOUS LES SAINTS

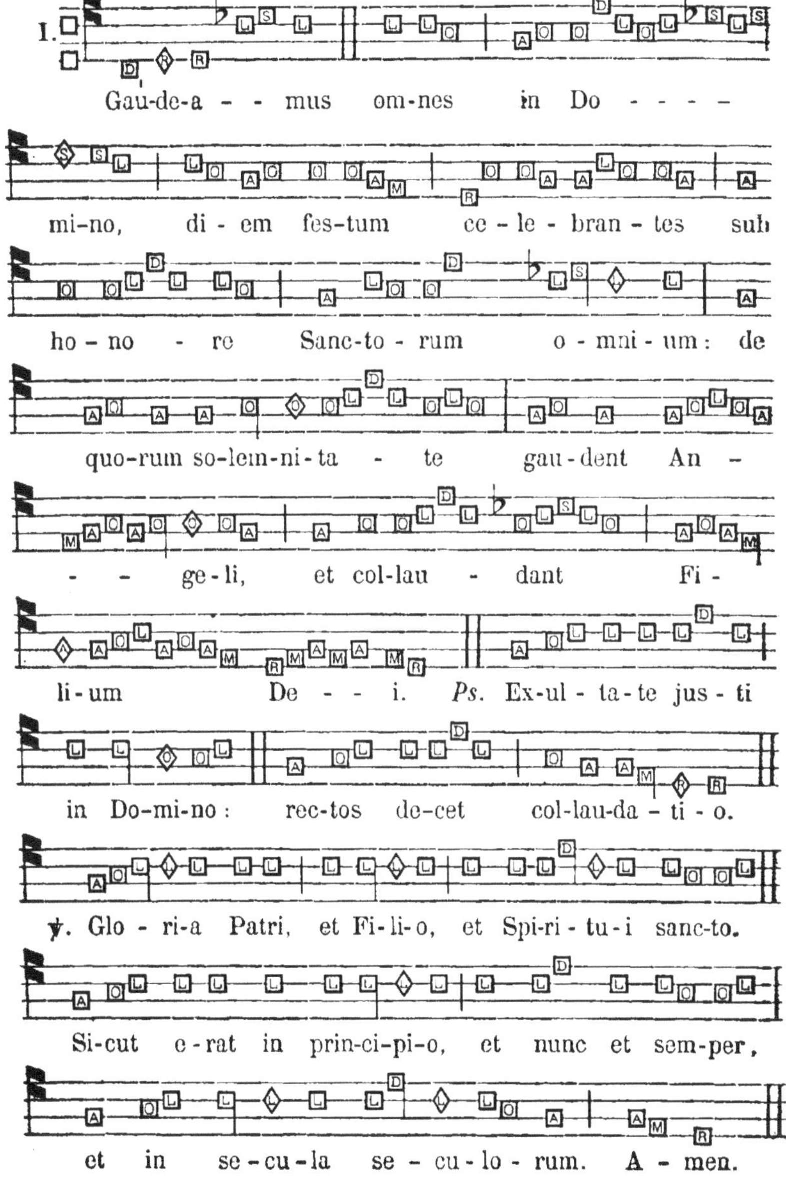

HUITIÈME LEÇON

FORMULES ORDINAIRES DU 2ᵉ TON

CLEF DE FA USITÉE, 3ᵉ LIGNE

FORMULES ORDINAIRES DU 2ᵉ TON

CLEF DE FA

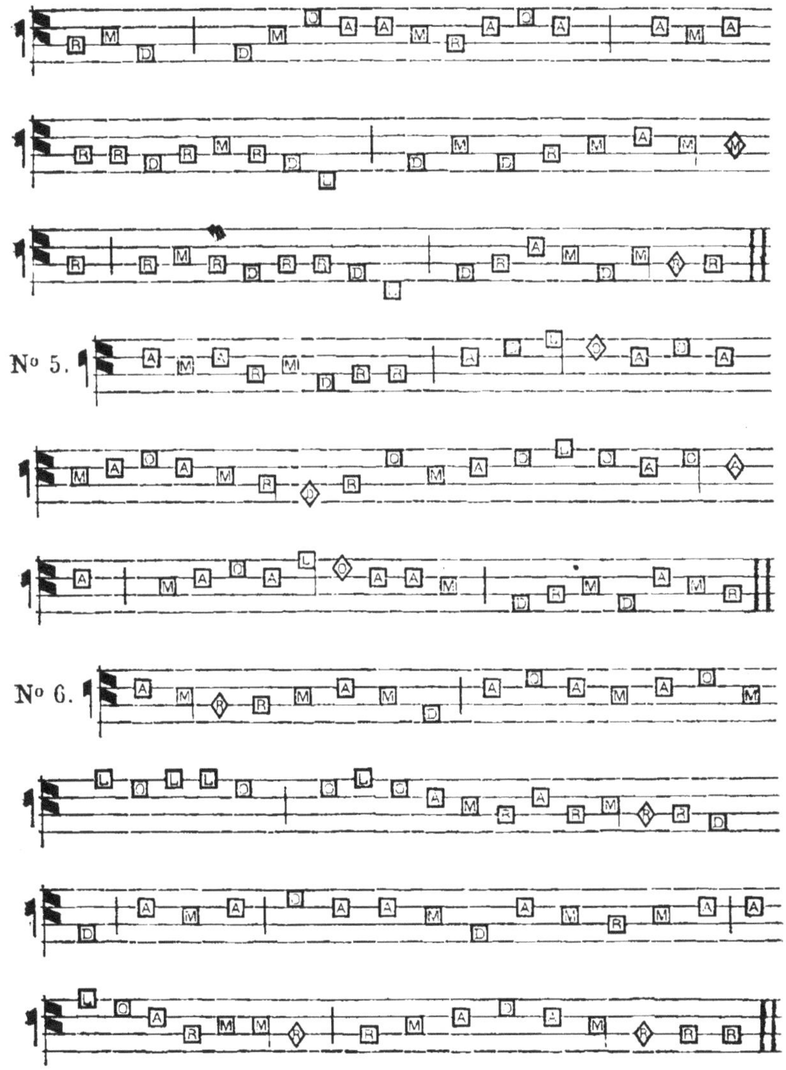

APPLICATION DES NOTES AUX PAROLES

INTROÏT DE LA FÊTE DU SAINT-SACREMENT

2e Ton

NEUVIÈME LEÇON

FORMULES DU 3ᵉ TON

Dominante   Tonique

FORMULES ORDINAIRES.

Nᵒ 1.

Nᵒ 2.

Nᵒ 3.

FORMULES DU 3ᵉ TON.

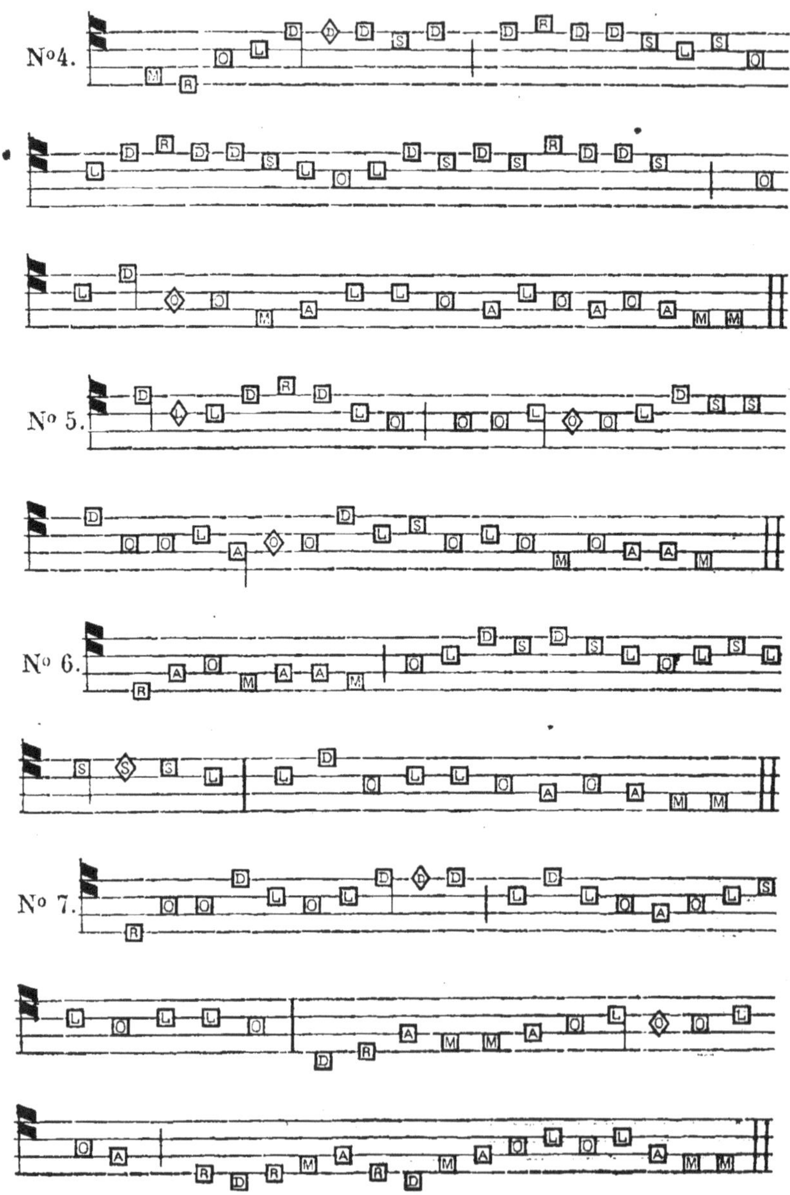

APPLICATION DES NOTES AUX PAROLES

INTROÏT DE LA FÊTE DE SAINT-LAURENT

(10 août)

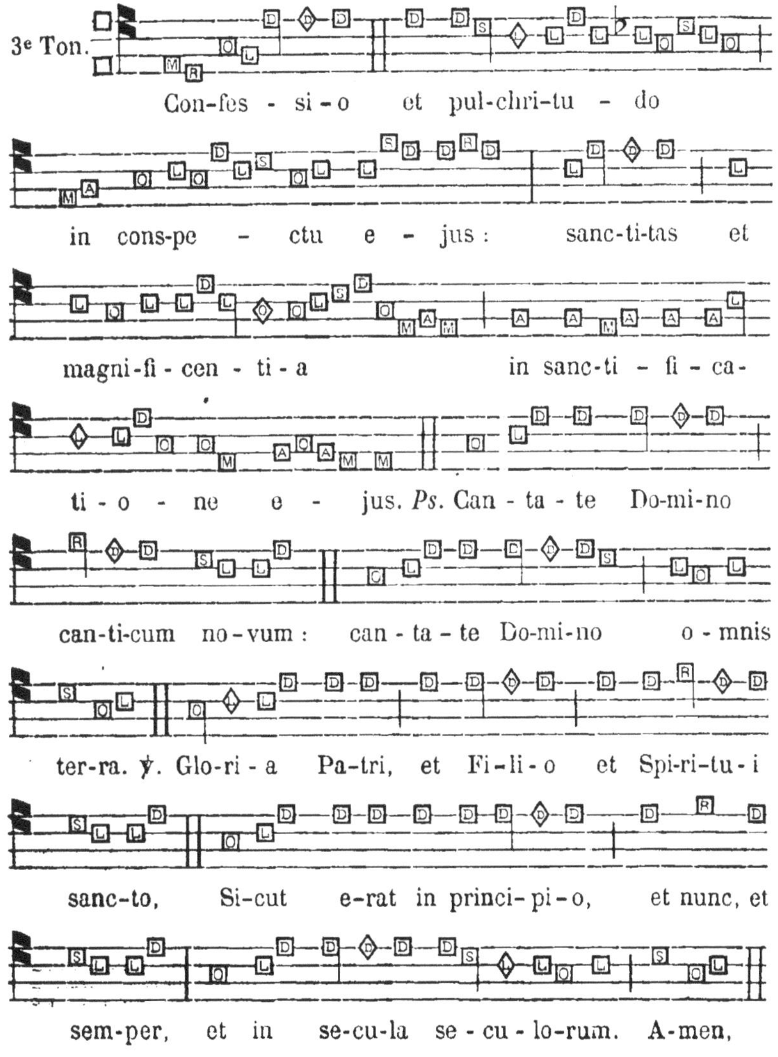

SIXIÈME LEÇON

FORMULES DU 4ᶜ TON

BÉMOL ACCIDENTEL

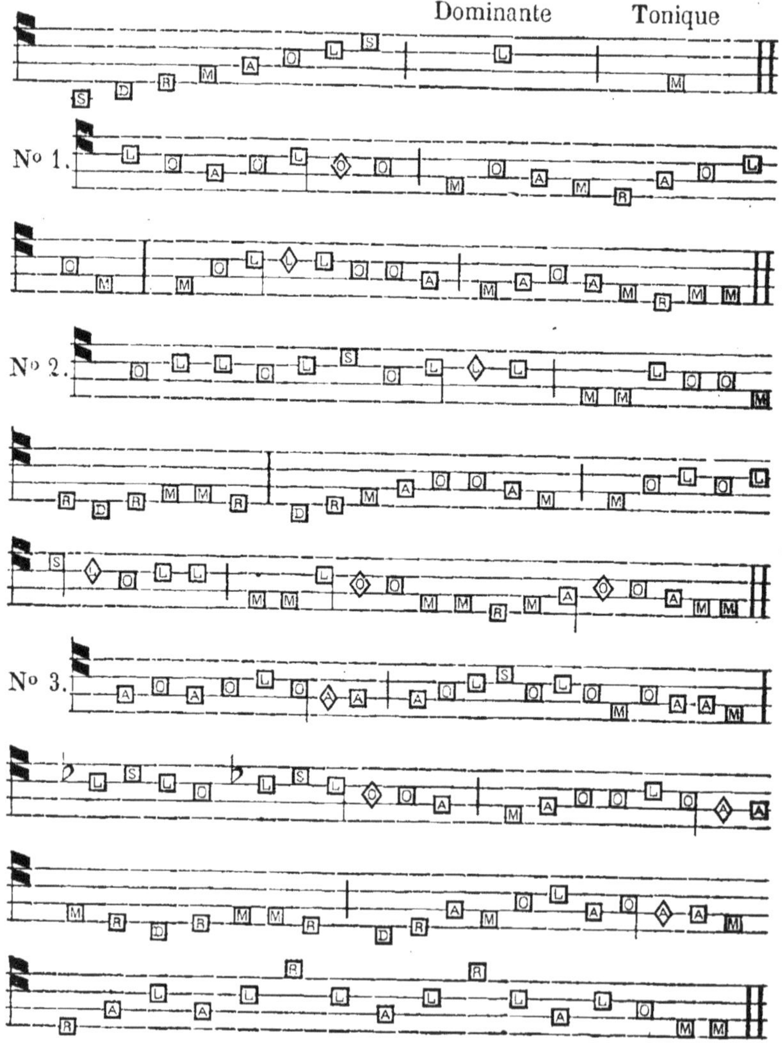

APPLICATION DES NOTES AUX PAROLES.

INTROÏT DU JEUDI SAINT.

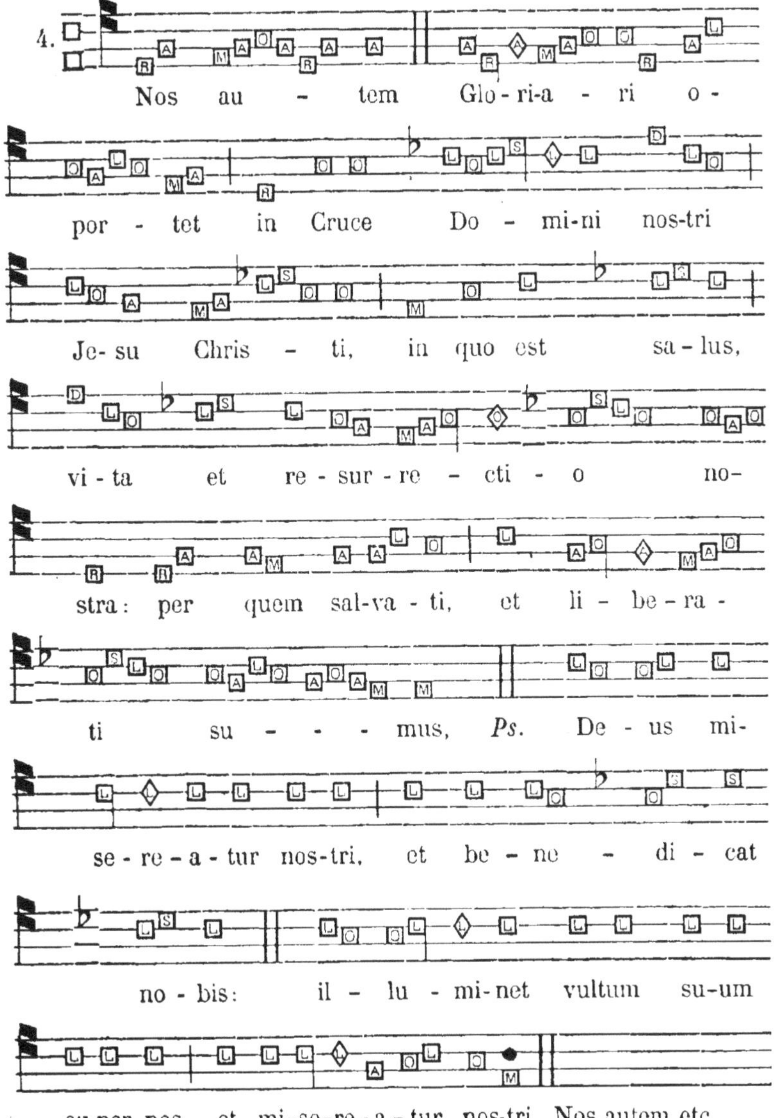

ONZIÈME LEÇON

FORMULES DU 5ᵉ TON

CLEF DE DO SUR LA 3ᵉ LIGNE

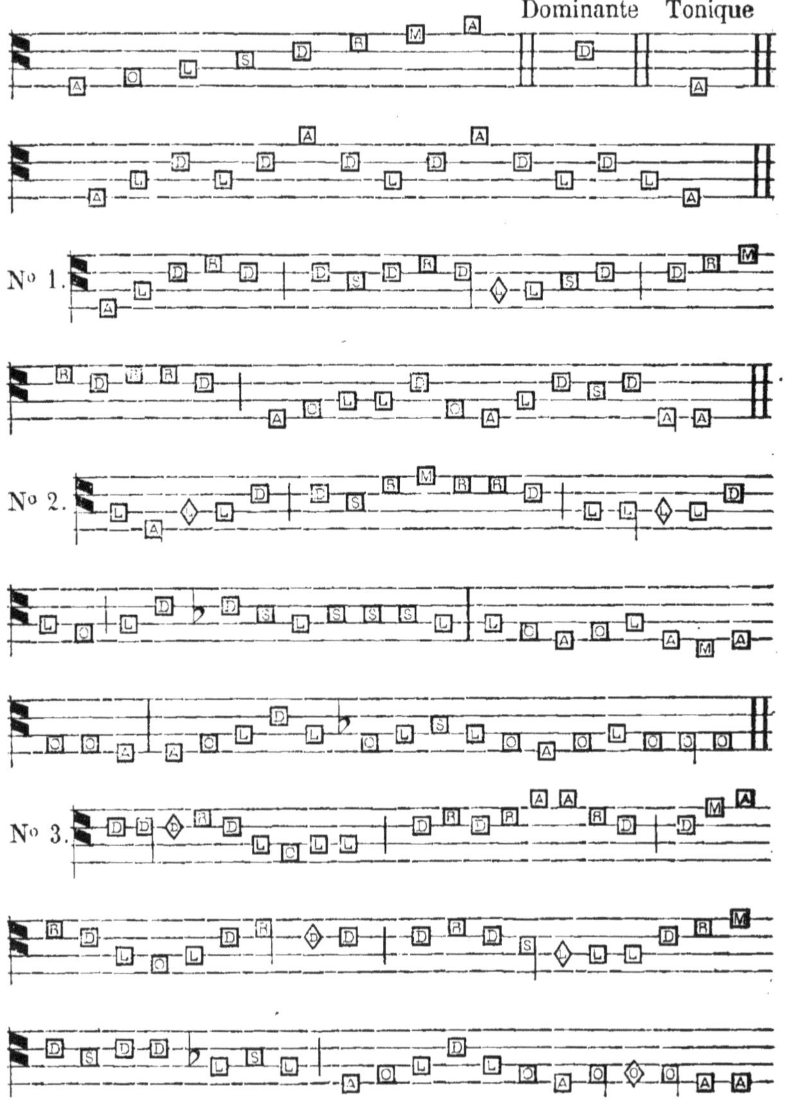

APPLICATION DES NOTES AUX PAROLES

INTROÏT DU DIMANCHE DE LA SEPTUAGÉSIME

5ᵉ Ton.

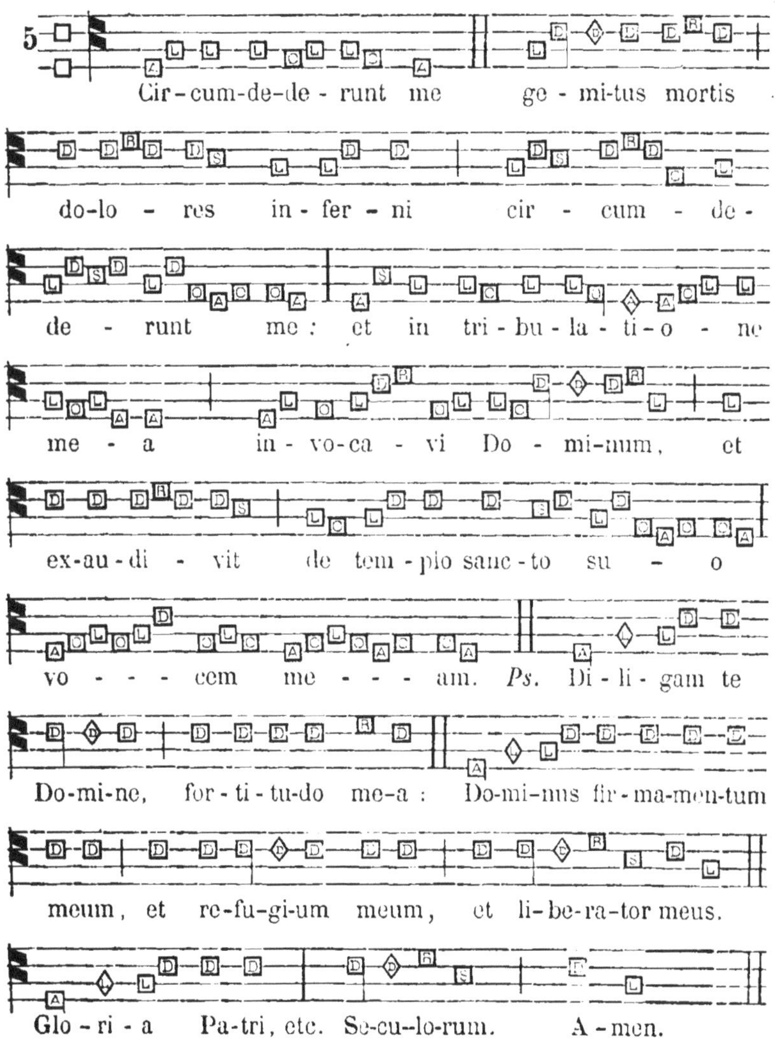

DOUZIÈME LEÇON

FORMULES DU 6ᵉ TON.

BÉMOL CONTINU.

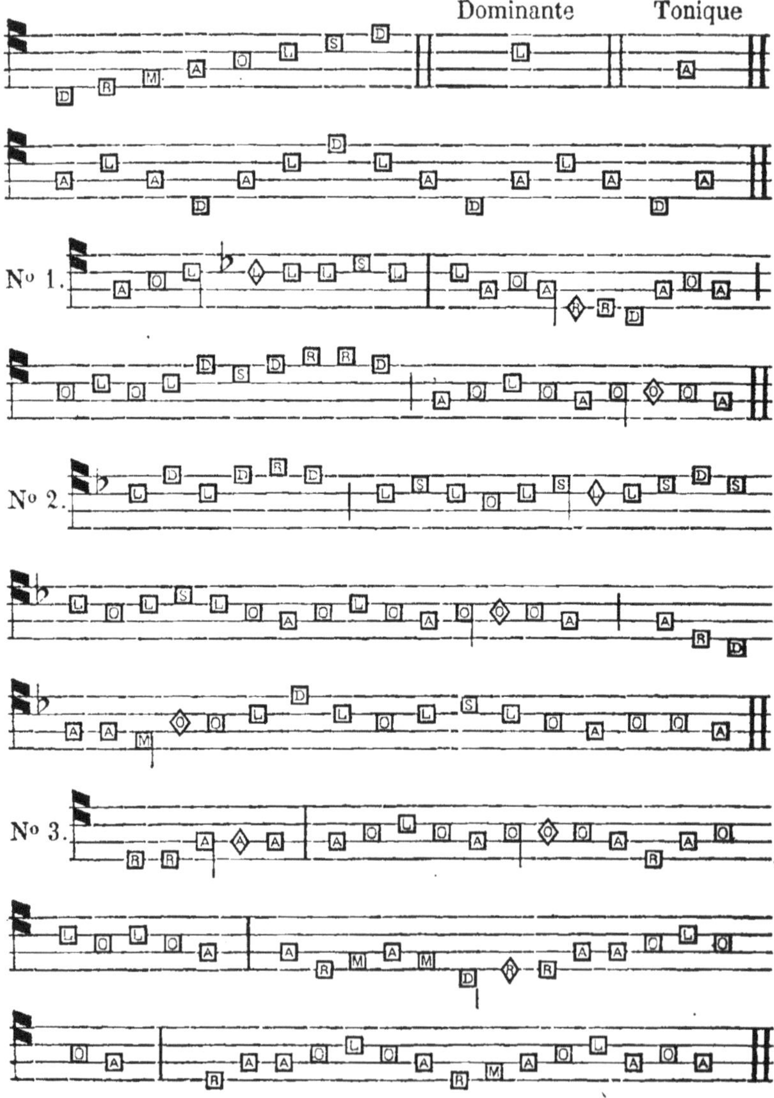

FORMULES DU 6ᵉ TON

EXERCICES SUR LE BÉMOL

APPLICATION DES NOTES AUX PAROLES

INTROÏT DU DIMANCHE DE QUASIMODO

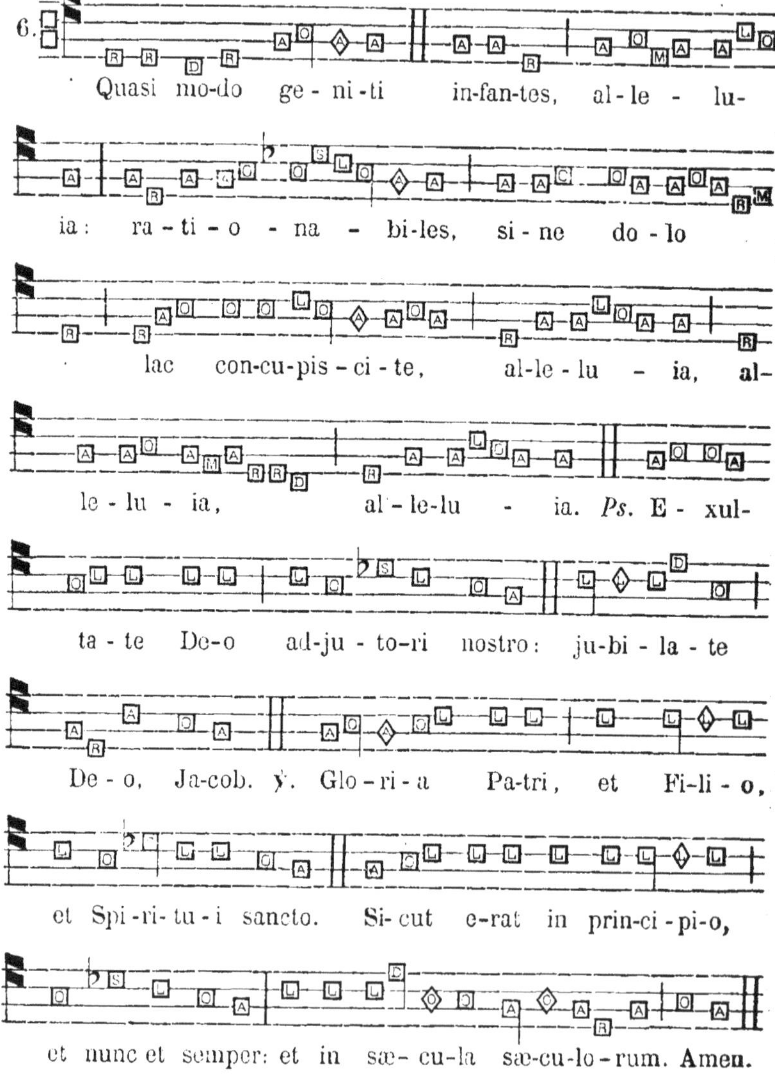

TREIZIÈME LEÇON

FORMULES DU 7ᵉ TON

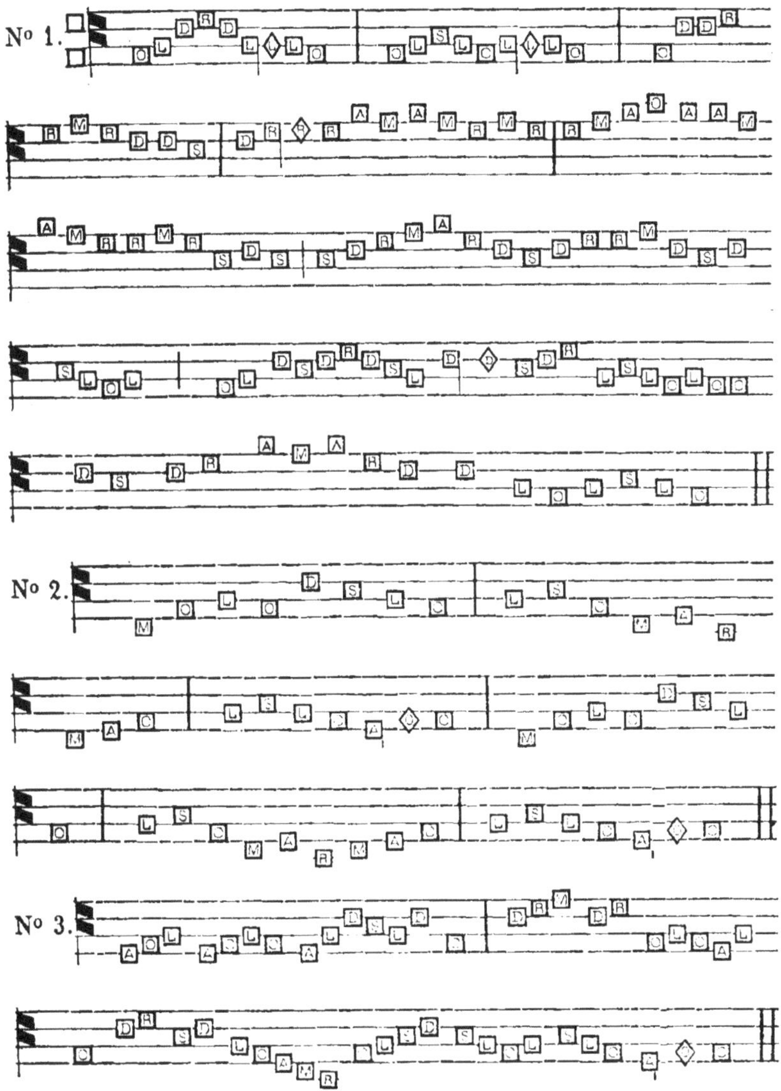

FORMULES DU 7ᵉ TON.

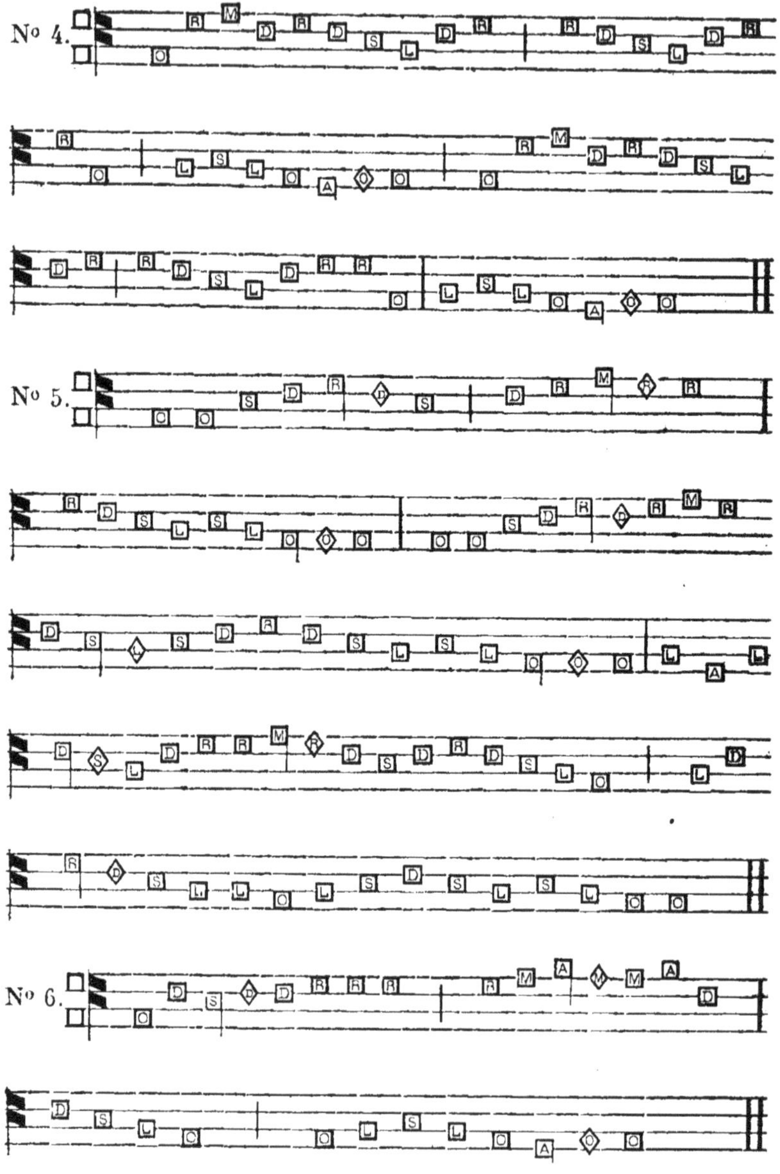

APPLICATION DES NOTES AUX PAROLES

INTROÏT DU 3e DIMANCHE DE CARÊME

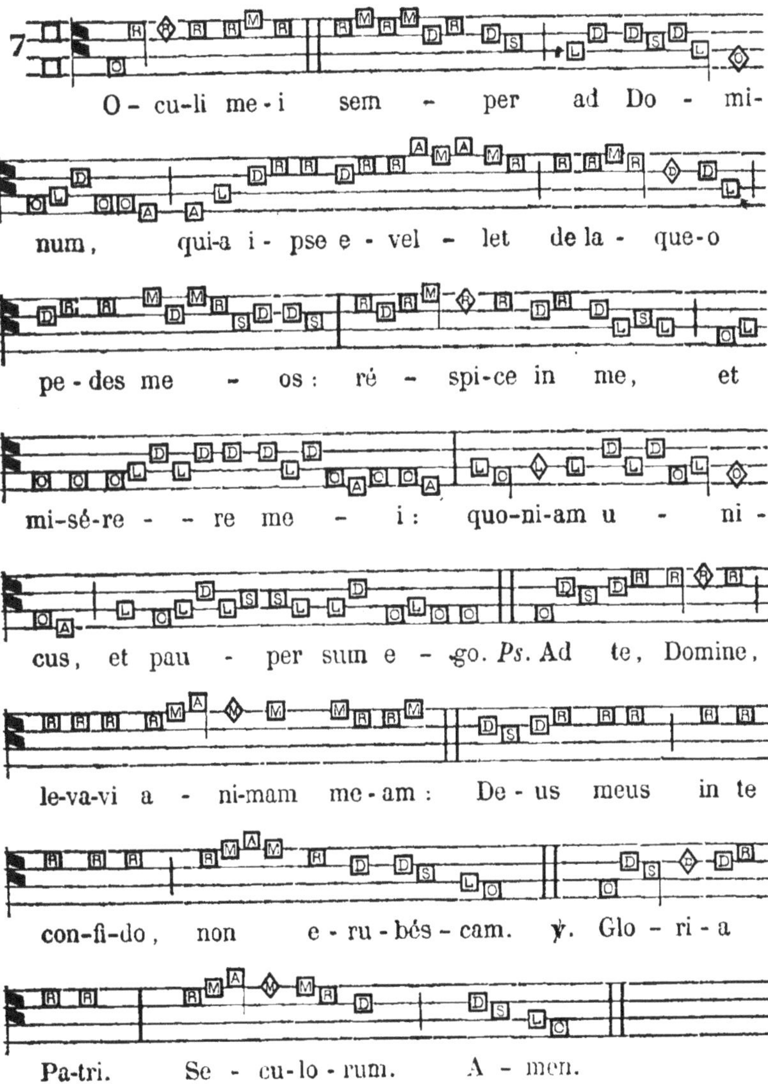

QUATORZIÈME LEÇON.

FORMULES DU 8e TON.

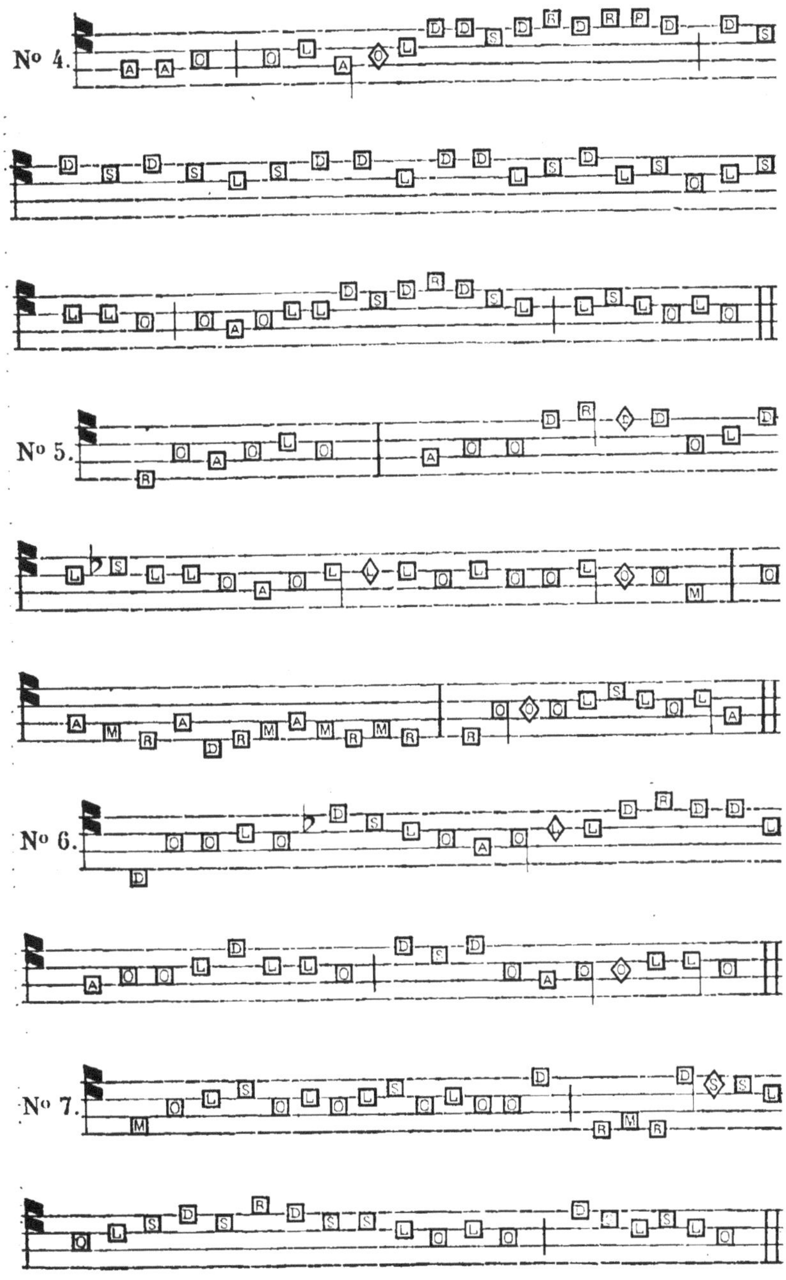
Nº 4.
Nº 5.
Nº 6.
Nº 7.

APPLICATION DES NOTES AUX PAROLES

INTROÏT DU 3e DIMANCHE APRÈS PAQUES

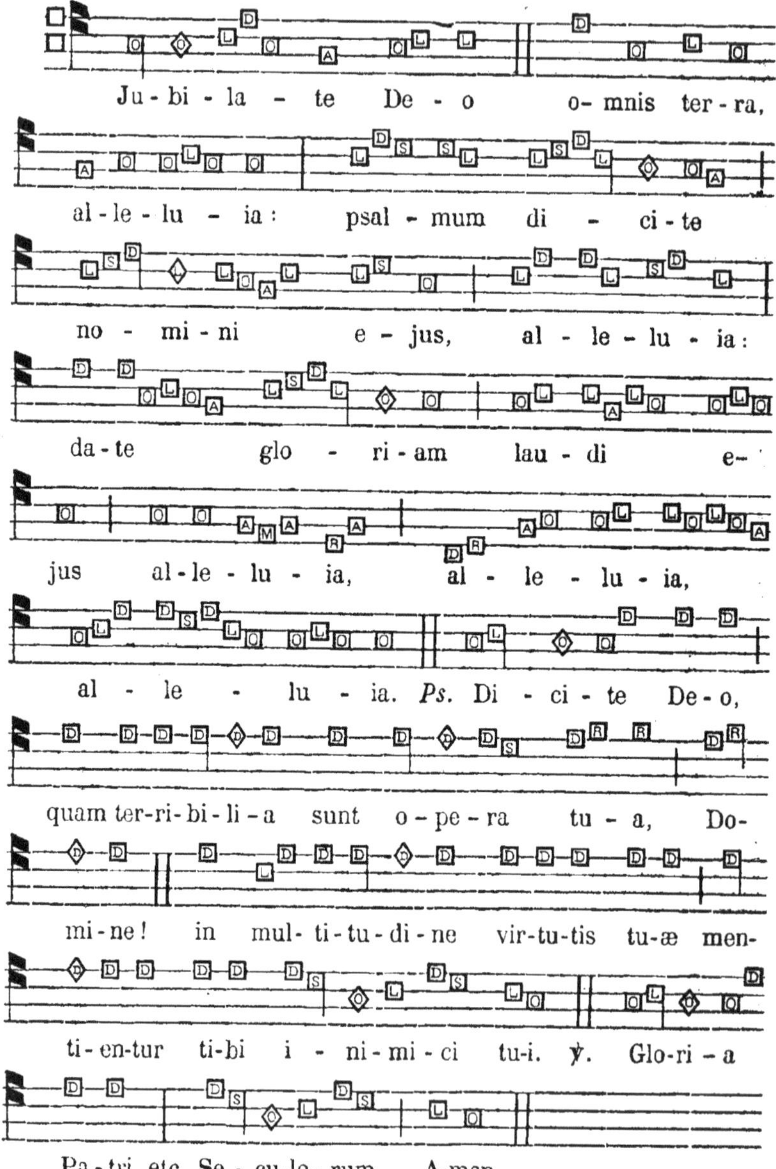

QUINZIÈME LEÇON

TONS DES PSAUMES

Avec toutes leurs terminaisons indiquées par les lettres ordinaires.

PREMIER TON.

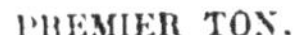

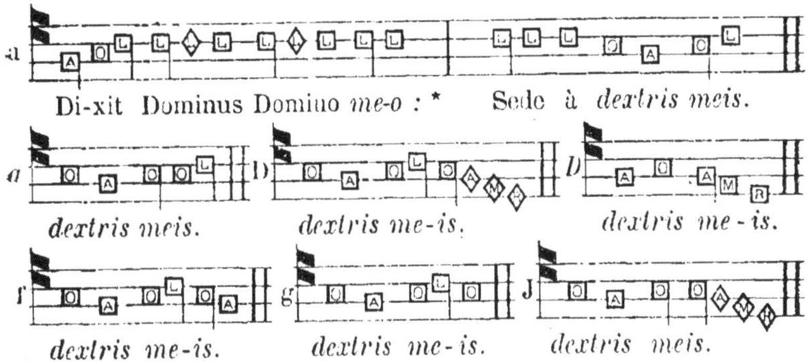
a
Di-xit Dominus Domino *me-o* : * Sede à *dextris meis.*
a
dextris meis.
D
dextris me-is.
D
dextris me-is.
f
dextris me-is.
g
dextris me-is.
J
dextris meis.

DEUXIÈME TON.

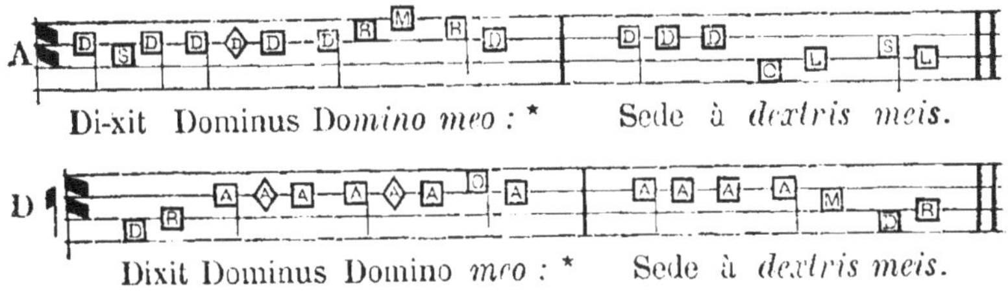
A
Di-xit Dominus Do*mino meo* : * Sede à *dextris meis.*
D
Dixit Dominus Domino *meo* : * Sede à *dextris meis.*

TROISIÈME TON.

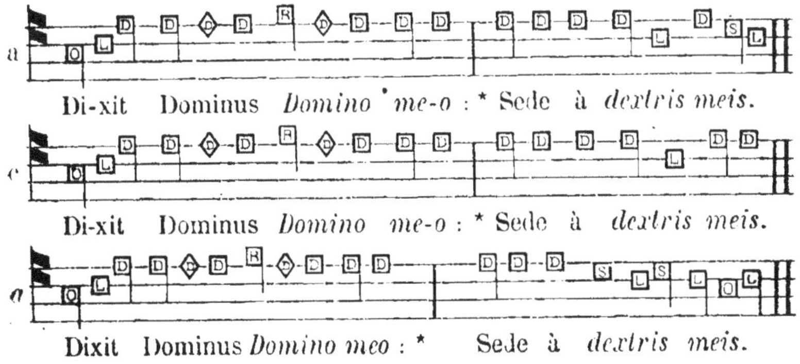
a
Di-xit Dominus *Domino me-o* : * Sede à *dextris meis.*
c
Di-xit Dominus *Domino me-o* : * Sede à *dextris meis.*
a
Dixit Dominus *Domino meo* : * Sede à *dextris meis.*

QUATRIÈME TON.

CINQUIÈME TON.

SIXIÈME TON.

SEPTIÈME TON.

HUITIÈME TON.

SEIXIÈME LEÇON

CHANT DES PSAUMES A UNE ET DEUX VOIX

DIXIT

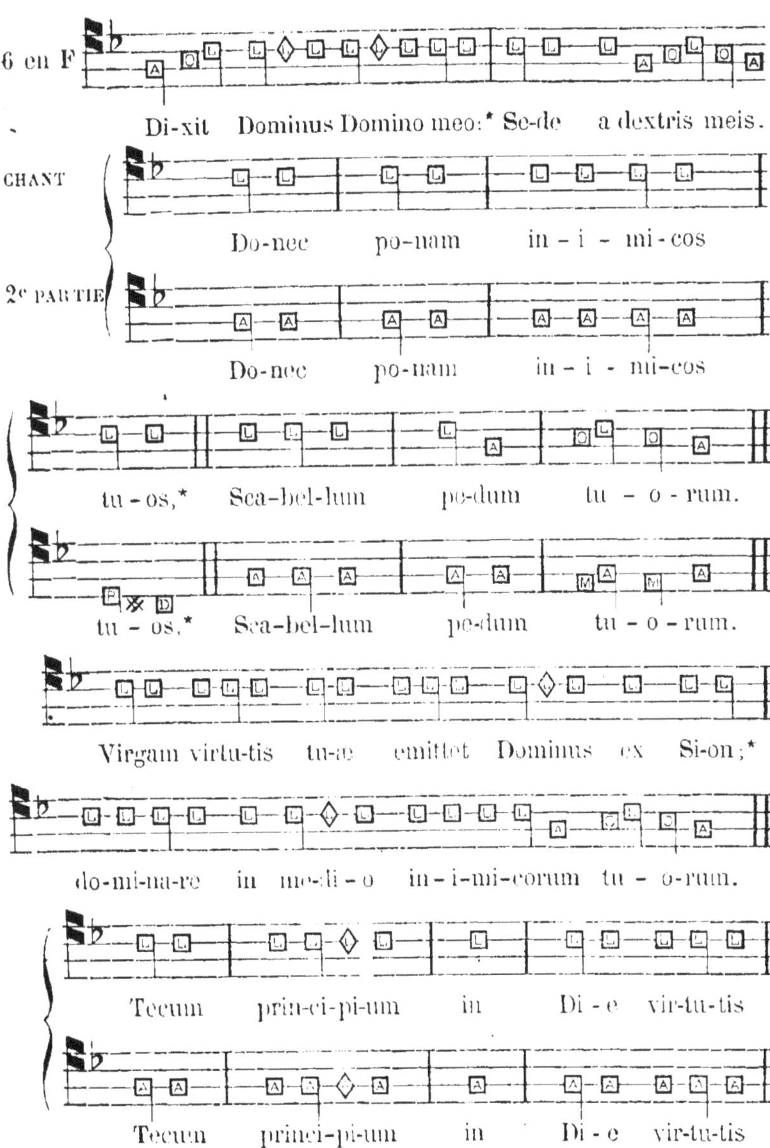

tu-æ, in splendo-ri-bus sanctorum:* ex u - te-ro
tu-æ, in splendo-ri-bus sancto-rum:* ex u-te-ro
an - te lu - ci - fe -rum ge - nu - i te.
an - te lu - ci - fe-rum ge - nu - i te.
Ju-ra-vit Dominus, et non pœ-ni-te-bit e-um:*Tu es
sa-cerdos in æ-ternum secundum or-dinem Mel-chisedech.
Dominus a dextris tu - is :* confre-git
Dominus a dextris tu - is :* confregit
in di-e i - ræ su - æ re - ges.
in di-e i - ræ su - æ re - ges.

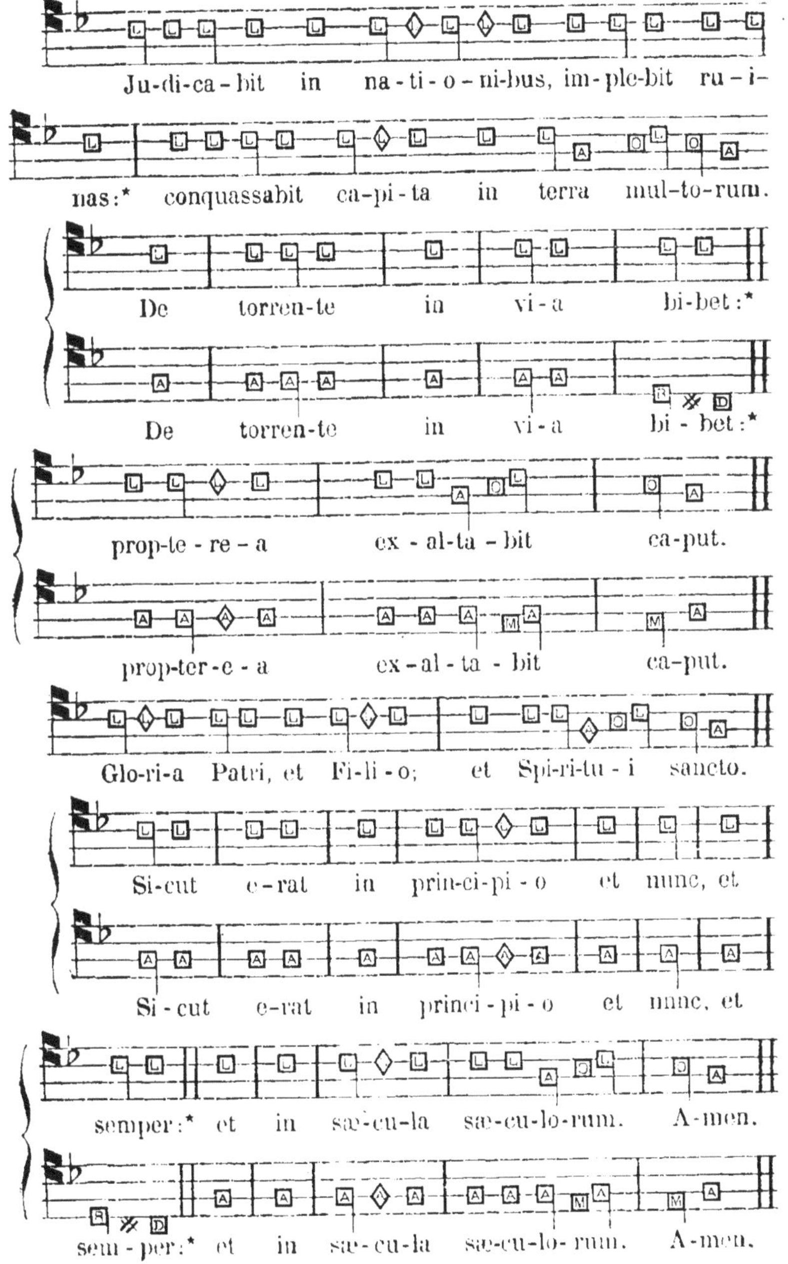
Ju-di-ca-bit in na-ti-o-ni-bus, im-ple-bit ru-i-
nas:* conquassabit ca-pi-ta in terra mul-to-rum.
De torren-te in vi-a bi-bet:*
De torren-te in vi-a bi-bet:*
prop-te-re-a ex-al-ta-bit ca-put.
prop-ter-e-a ex-al-ta-bit ca-put.
Glo-ri-a Patri, et Fi-li-o; et Spi-ri-tu-i sancto.
Si-cut e-rat in prin-ci-pi-o et nunc, et
Si-cut e-rat in princi-pi-o et nunc, et
semper:* et in sæ-cu-la sæ-cu-lo-rum. A-men.
sem-per:* et in sæ-cu-la sæ-cu-lo-rum. A-men.

Psaume 116.

LAUDATE DOMINUM

Solo et chœur à 3 voix.

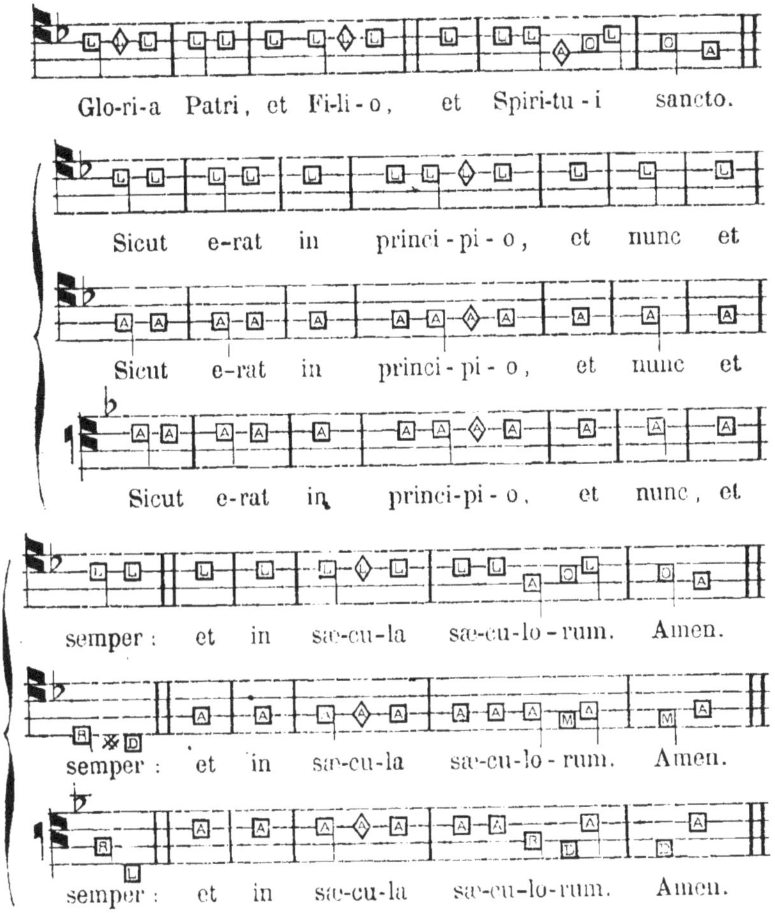

Glo-ri-a Patri, et Fi-li-o, et Spiri-tu-i sancto.
Sicut e-rat in princi-pi-o, et nunc et
Sicut e-rat in princi-pi-o, et nunc et
Sicut e-rat in princi-pi-o, et nunc, et
semper : et in sæ-cu-la sæ-cu-lo-rum. Amen.
semper : et in sæ-cu-la sæ-cu-lo-rum. Amen.
semper : et in sæ-cu-la sæ-cu-lo-rum. Amen.

CHANT DU CANTIQUE MAGNIFICAT.

Solo et chœur à 3 voix.

Ré en mi.
Magni-fi-cat a-ni-ma me-a Domi-num :

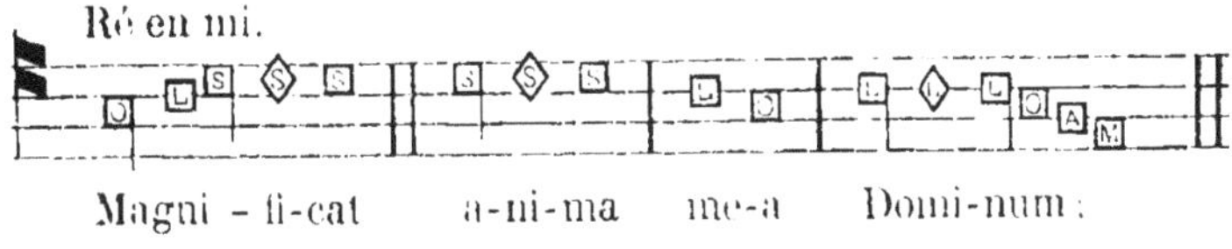

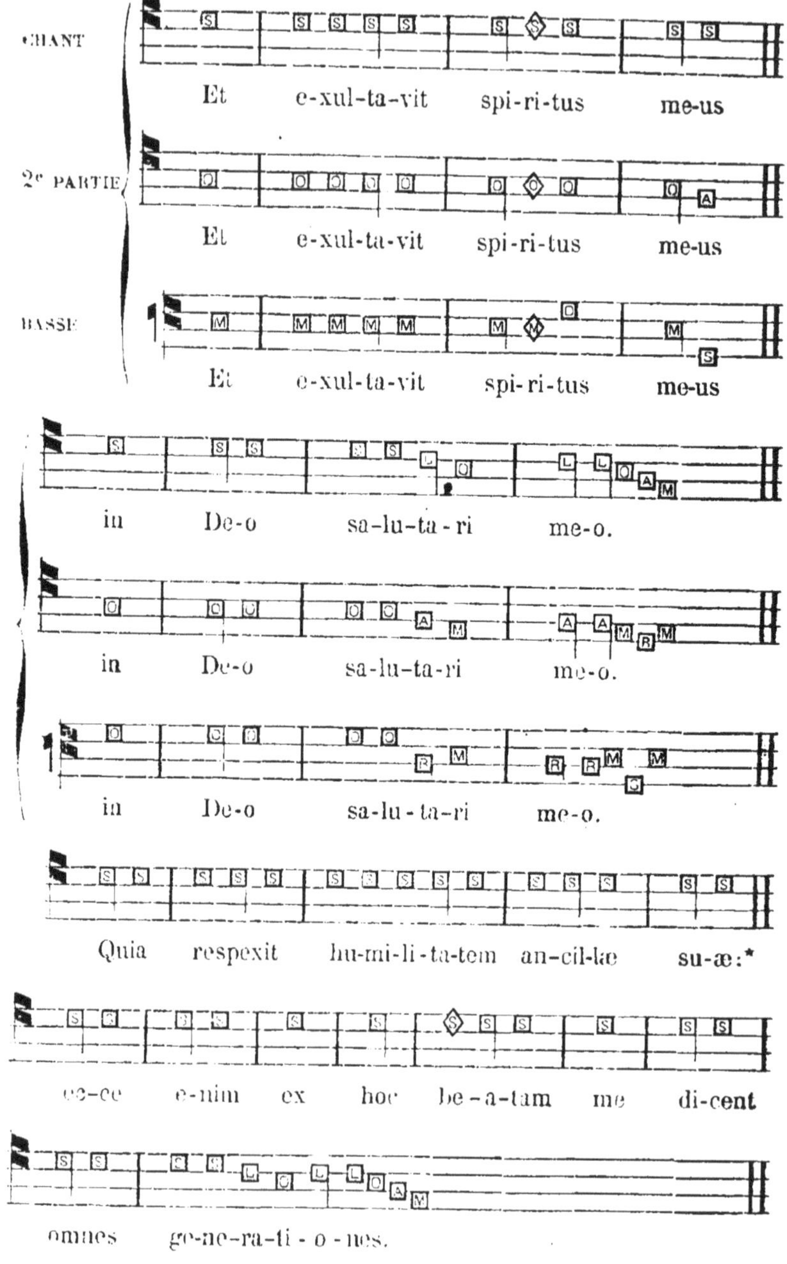

CHANT
Et e-xul-ta-vit spi-ri-tus me-us
2e PARTIE
Et e-xul-ta-vit spi-ri-tus me-us
BASSE
Et e-xul-ta-vit spi-ri-tus me-us
in De-o sa-lu-ta-ri me-o.
in De-o sa-lu-ta-ri me-o.
in De-o sa-lu-ta-ri me-o.
Quia respexit hu-mi-li-ta-tem an-cil-læ su-æ:*
ec-ce e-nim ex hoc be-a-tam me di-cent
omnes ge-ne-ra-ti - o - nes.

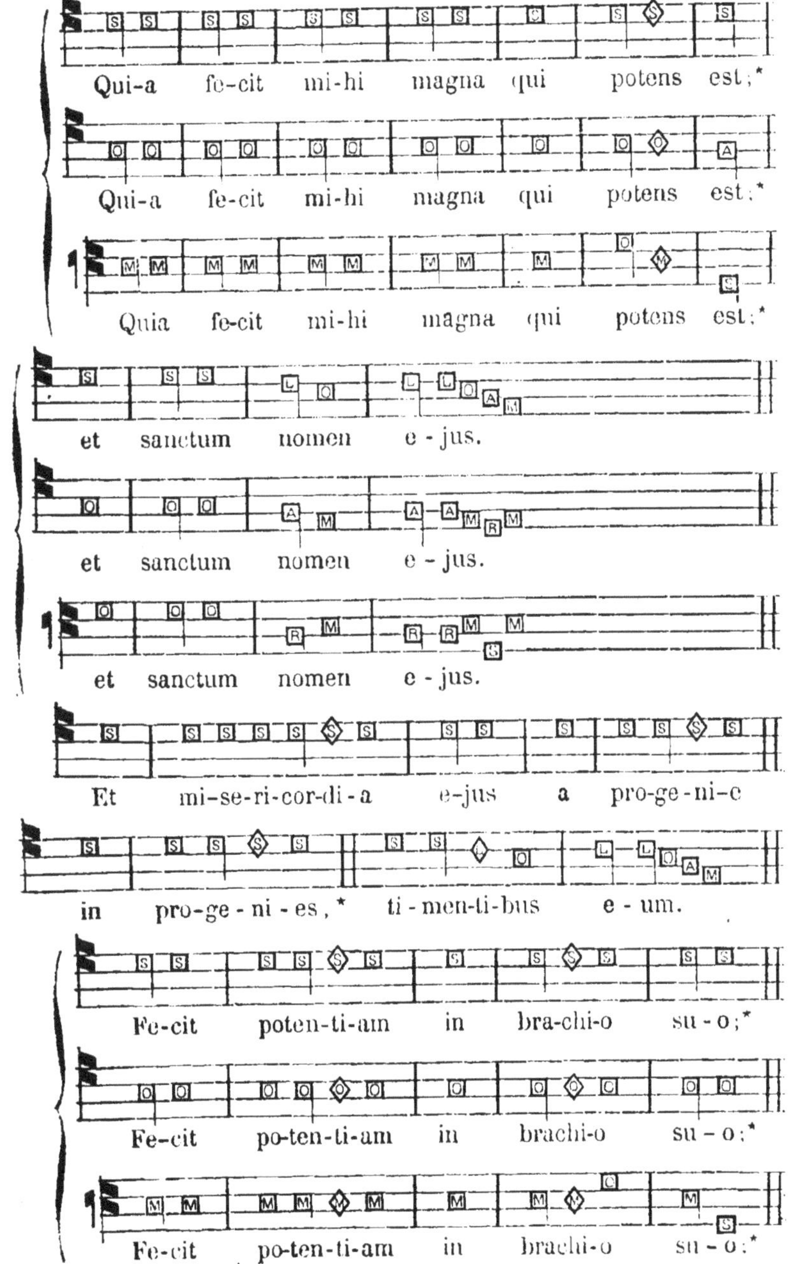

Qui-a fe-cit mi-hi magna qui potens est;*
Qui-a fe-cit mi-hi magna qui potens est;*
Quia fe-cit mi-hi magna qui potens est;*
et sanctum nomen e - jus.
et sanctum nomen e - jus.
et sanctum nomen e - jus.
Et mi-se-ri-cor-di - a e-jus a pro-ge-ni-e
in pro-ge-ni - es,* ti - men-ti-bus e - um.
Fe-cit poten-ti-am in bra-chi-o su - o;*
Fe-cit po-ten-ti-am in brachi-o su - o;*
Fe-cit po-ten-ti-am in brachi-o su - o;*

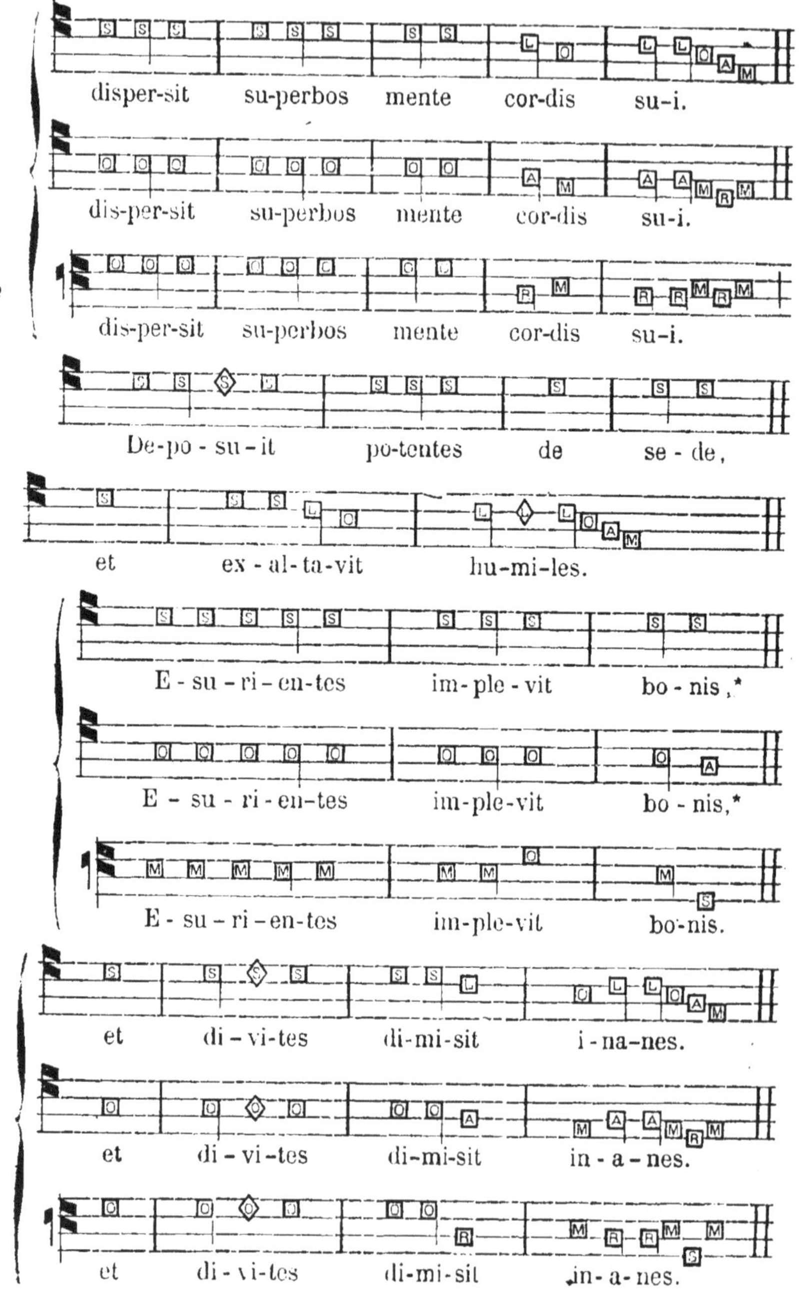
disper-sit su-perbos mente cor-dis su-i.
dis-per-sit su-perbos mente cor-dis su-i.
dis-per-sit su-perbos mente cor-dis su-i.
De-po - su - it po-tentes de se - de,
et ex - al-ta-vit hu-mi-les.
E - su - ri - en-tes im-ple - vit bo - nis,*
E - su - ri - en-tes im-ple-vit bo - nis,*
E - su - ri - en-tes im-ple-vit bo-nis.
et di - vi-tes di-mi-sit i - na-nes.
et di - vi-tes di-mi-sit in - a - nes.
et di - vi-tes di-mi-sit in - a - nes.

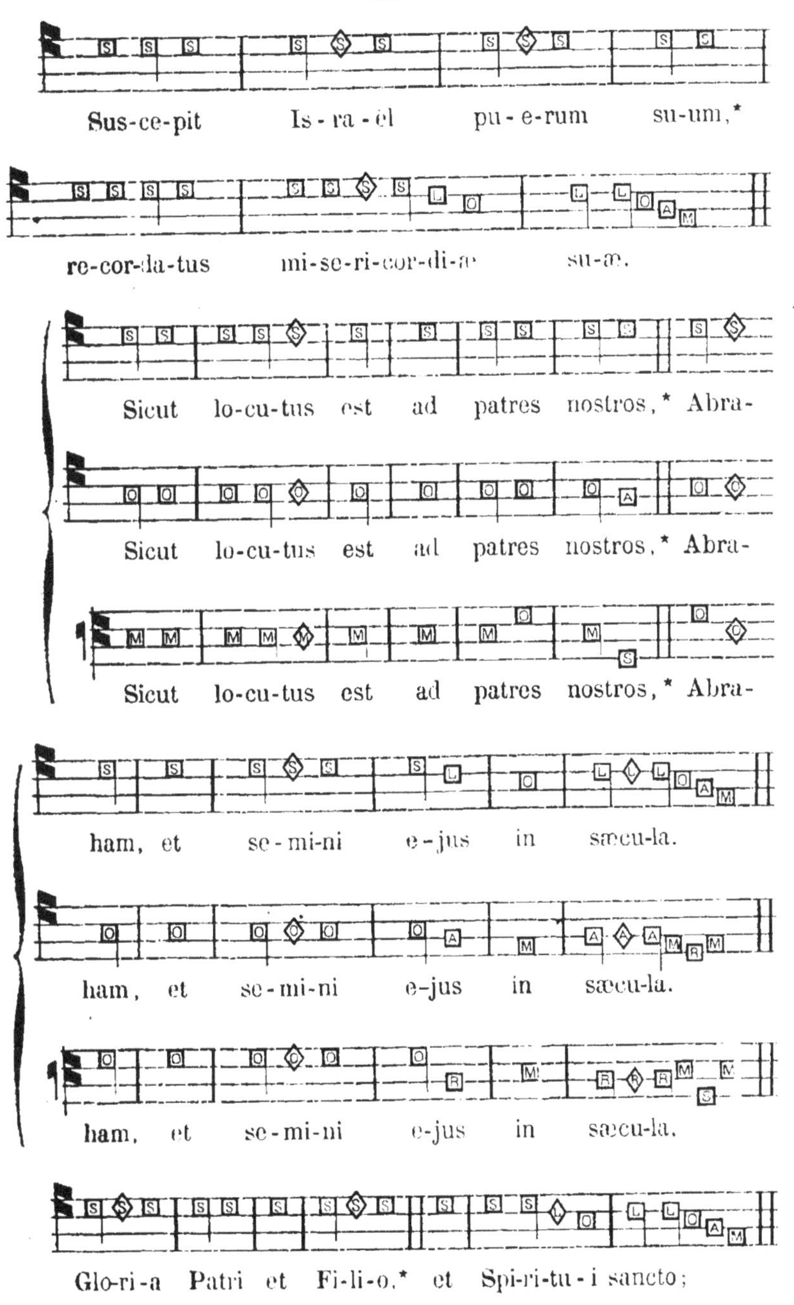

Sus-ce-pit Is - ra - ël pu - e-rum su-um,*
re-cor-da-tus mi-se-ri-cor-di-æ su-æ.
Sicut lo-cu-tus est ad patres nostros,* Abra-
Sicut lo-cu-tus est ad patres nostros,* Abra-
Sicut lo-cu-tus est ad patres nostros,* Abra-
ham, et se - mi-ni e-jus in sæcu-la.
ham, et se-mi-ni e-jus in sæcu-la.
ham, et se-mi-ni e-jus in sæcu-la.
Glo-ri-a Patri et Fi-li-o.* et Spi-ri-tu - i sancto;

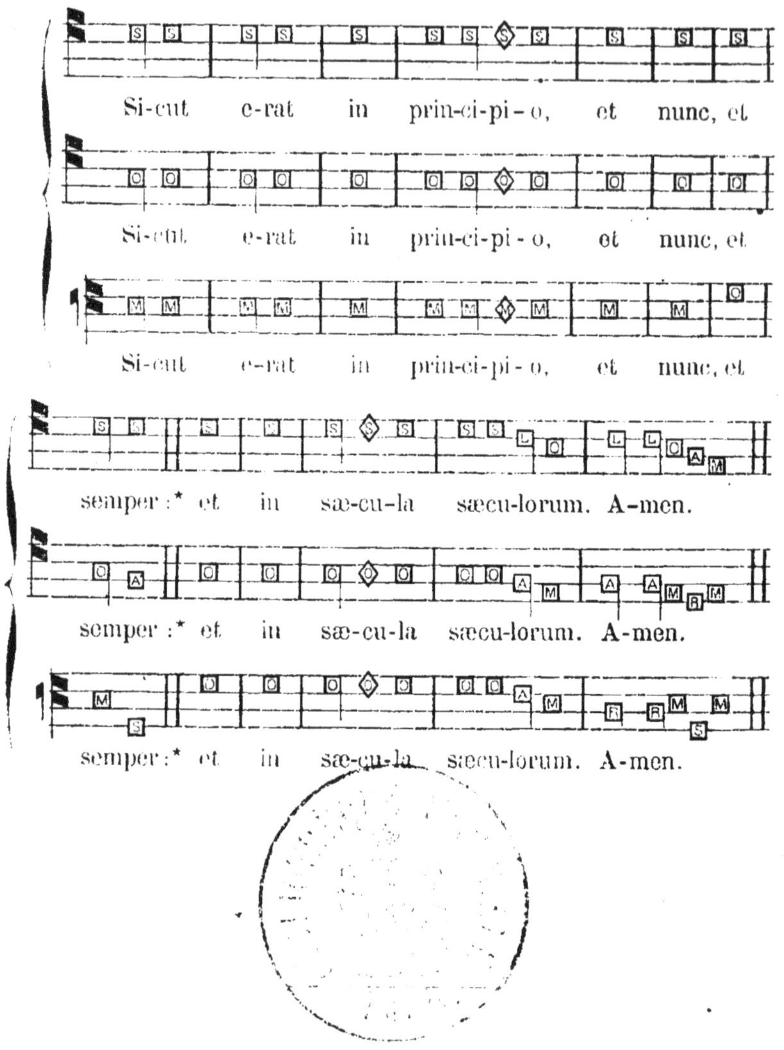

Saint–Maixent, Typ. Ch. Reversé.